FØRSTEHJÆLP TIL EKSTRAMØDRE

JANNE LETH FØRGAARD

FØRSTEHJÆLP TIL EKSTRAMØDRE

SÅDAN NAVIGERER DU I EN SAMMENSAT FAMILIE

JANNE LETH FØRGAARD
FØRSTEHJÆLP TIL EKSTRAMØDRE
SÅDAN NAVIGERER DU I EN SAMMENSAT FAMILIE

© 2012 Janne Leth Førgaard og Dansk Psykologisk Forlag A/S

Forlagsredaktion: Tine Stoltenberg Lekdorf
Omslag og grafisk tilrettelæggelse: Louises design/Louise Glargaard Perlmutter
Sats: Louises design/Lone Bjarkow
Sat med Conduit Pro og Warugaki

1. udgave, 2. oplag 2018
ISBN 978-87-7706-846-1

Tryk: BoD™ – BOOKS on DEMAND
Printed in Germany

Alle rettigheder forbeholdes. Kopiering fra denne bog må kun finde sted på institutioner eller virksomheder, der har indgået aftale med Copydan Tekst & Node, og kun inden for de rammer, der er nævnt i aftalen. Undtaget herfra er korte uddrag til brug i anmeldelser.

DANSK PSYKOLOGISK FORLAG • WWW.DPF.DK

INDHOLDSFORTEGNELSE

INDLEDNING • 7

KAPITEL 1
EKSTRABARNET • 13

KAPITEL 2
EKSTRAMOR OG FØRSTEHJÆLPSKASSEN • 49

KAPITEL 3
EKSTRABARNETS MOR – MANDENS (H)EKS • 91

KAPITEL 4
HØJTIDER OG FERIER • 111

KAPITEL 5
MANDEN, FORHOLDET OG FRIRUMMET • 131

LITTERATURLISTE TIL INSPIRATION • 163

OM JANNE LETH FØRGAARD • 165

TAK • 167

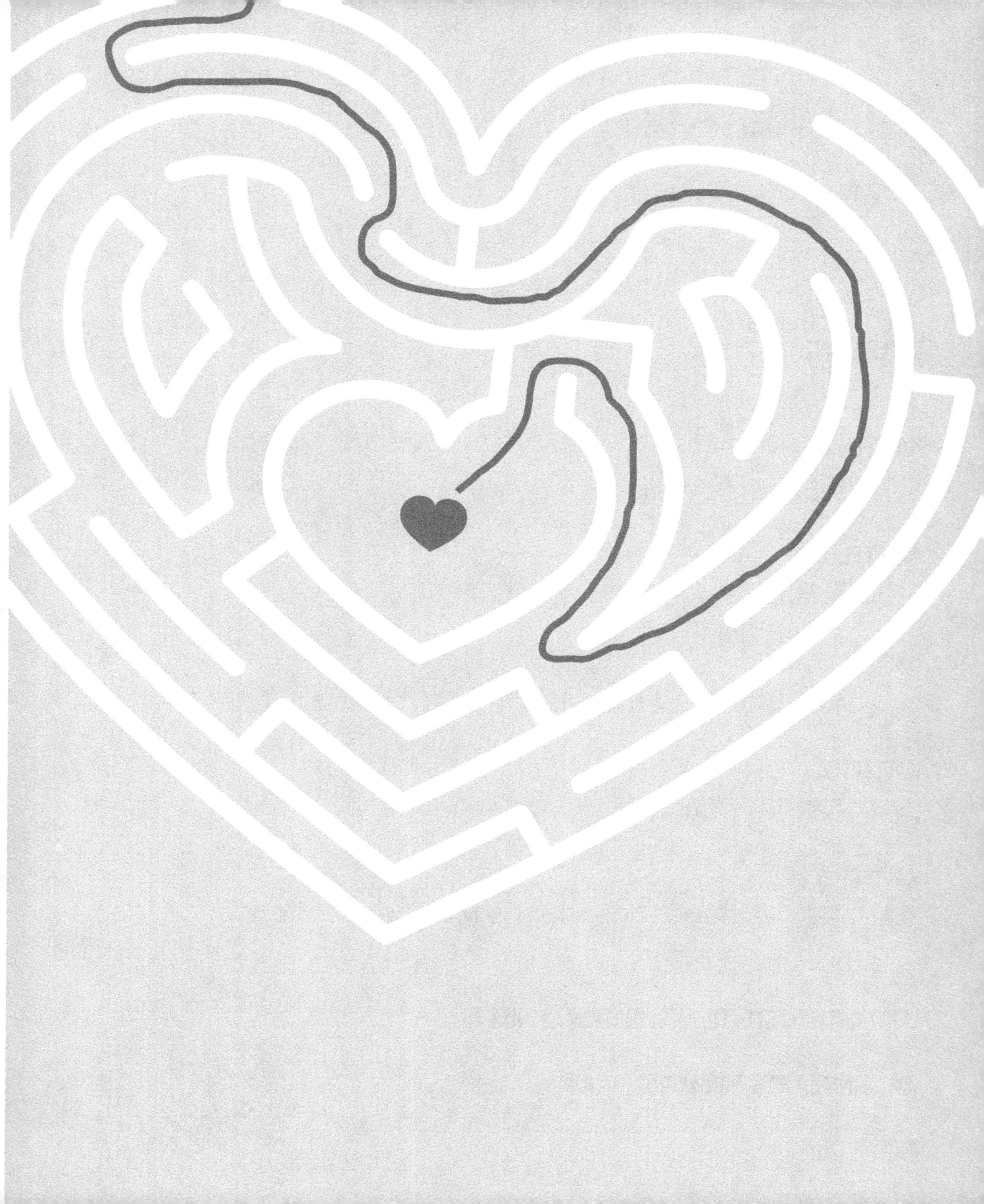

INDLEDNING

HVAD ER EN EKSTRAMOR?

Ekstramor er mit ord for stedmor og bonusmor. Som kæreste med børnenes far ser jeg i højere grad mig selv som en ekstra ressource, børnene har til rådighed, når de er hos deres far, end jeg ser mig som en bonusmor. Det er jo ikke sikkert, at børnene synes, at jeg er en bonus. Stedmor er jeg heller ikke, for jeg er ikke i stedet for børnenes mødre. Jeg er nærmere et 'add on', noget ekstra, en ekstramor. I parentes bemærket, synes jeg også, at det en gang imellem er ekstra arbejde og ekstra hårdt at være ekstramor. Derfor kan jeg godt lide begrebet 'ekstra', for det dækker det hele.

AT VÆRE EKSTRAMOR

Da jeg i 2002 mødte Søren, som jeg i dag er gift med, var jeg slet ikke forberedt på, hvordan det ville være for mig at være ekstramor til to børn. Med hver sin mor. Der var især tre ting, som kom bag på og udfordrede mig. Det er blandt andet de tre udfordringer, denne bog sætter fokus på.

Det, der har vist sig at være væsentligt, er, om jeg styrer de udfordringer, eller om de styrer mig. Det giver to vidt forskellige resultater. Til at sikre mig kontrollen over udfordringerne bruger jeg konkrete værktøjer, og de er ikke hemmelige, så dem finder du i bogen. Mit ønske er, at du får lige så stor – hvis ikke ligefrem større – glæde af dem, som jeg har. Det at have værktøjerne betyder ikke, at alle forhindringer er fjernet fra mit liv. Men det betyder, at jeg ved, hvordan jeg kan styre dem, så jeg er fri til at leve det liv, jeg ønsker, og som er rigtigt for mig.

EKSTRAMORENS TRE STØRSTE UDFORDRINGER

1. **Vi bliver jaloux på ekstrabarnet**
   Det er en stor udfordring for mange at indrømme denne jalousi, især over for sig selv. Ofte er det forbundet med skam og selvbebrejdelse i en sådan grad, at vi ikke tør tale med nogen om, hvor smålige vi føler os over at være jaloux på ekstrabarnet.

2. **Vi kommer ud på en følelsesmæssig rutsjetur**
   Når vi bliver ekstramor (eller mor), kommer vi ud på vores livs følelsesmæssige rutsjetur. Ofte er vi slet ikke klar over, at der findes så vilde rutsjebaner og det endda indeni os selv. Vi kommer indirekte til – på godt og ondt – at stå ansigt til ansigt med vores egen barndom igen.

3. **Vi er konstant nødt til at indgå kompromiser**
   Der vil være dage, hvor vi har lyst til at opgive forholdet og måske endda fortryder, at vi overhovedet har indledt det, netop fordi vi er nødt til at indgå så mange kompromiser.

Det er alt sammen naturlige følelser, som vi kan arbejde med, når vi kender dem og accepterer, at det er sådan, vi har det. Problemerne opstår, når vi ikke vil acceptere, at det er sådan, vi har det, og derfor forsøger at tørre det af på andre.

EN EKSTRAMORS FINGRE

Denne bog er en hyldest til alle de ekstramødre, der er villige til at vende blikket indad og være den forandring, de ønsker at se, i stedet for at pege fingre ad andre.

Har du for øvrigt tænkt på, at hver gang du peger ad andre, peger mindst tre fingre tilbage på dig selv? Det er de tre fingre, denne bog tager fat i og gør noget ved.

Det er min erfaring, at den hurtigste måde, hvorpå vi kan opnå de resultater, vi ønsker os, er ved selv at tage ansvaret for at nå dem. Selv om det kan være fristende at pege fingre ad andre, løser det sjældent vores problemer. Det gør det derimod, hvis vi selv tager fat i det, der gør ondt eller udfordrer os.

HVORFOR SKRIVE EN BOG OM DET AT VÆRE KÆRESTE MED NOGENS FAR?

Statistikken siger, at ca. 350.000 børn i Danmark bor i det, vi ikke betegner som en kernefamilie. Og så skal det da også lige nævnes, at det at vokse op i en kernefamilie ikke i sig selv er nogen garanti for lykke.

I forbindelse med en radioudsendelse om sammensatte familier på Radio-24syv i april 2012 oplyste Berlingske Media, at der i Danmark findes 37 forskellige familieformer. Det vidner i sig selv om, at kernefamilien måske ikke bliver den gængse familieform i fremtiden.

Det kræver meget og i særdeleshed fleksibilitet hos alle parter, når mor og far er gået hver til sit og flytter ind i en ny familie. Med bogen her kommer jeg med mit bud på, hvordan du kan håndtere livet i en sammensat familie. Det er ikke den endegyldige sandhed – men en af mange måder at gøre det på.

Måske står der slet ikke noget nyt for dig i denne bog. Men jeg forestiller mig, at der står noget, du kan have glemt, at du ved. Og det er det, jeg gerne vil minde dig om.

HVAD ER FORSKELLEN PÅ EN SAMMENSAT FAMILIE OG EN SAMMENBRAGT FAMILIE?

Der er ingen forskel. Blot synes jeg, at det er mere dækkende at kalde den sammensat, for det er to familier, der bliver sat sammen. Og det kan være et sammensat og komplekst liv at få alle brikkerne til at falde harmonisk på plads i det store puslespil.

EN INVITATION TIL AT GØRE NOGET ANDET END DET, DU PLEJER

Som oftest, når du går i gang med at læse en ny bog, træffer du sikkert ingen særlige forberedelser. I forhold til denne bog har jeg lyst til at invitere dig til at gøre det anderledes.

Derfor har jeg tre forslag, som du kan vælge at tage til dig, hvis du har lyst. Hvis du foretrækker at gå direkte i gang med bogen, gør du bare det.

FORSLAG 1:
Inden du læser bogen, vil jeg opfordre dig til at tænke over tre konkrete ting, du vil have ud af at læse den, og skrive dem ned.

Tre konkrete ting, jeg vil have ud af at læse bogen:

1. _____

2. _____

3. _____

Undersøgelser viser, at når du skriver dine ønsker ned og fokuserer på dem dagligt, får du dem oftere opfyldt, end hvis du blot taler om dem. Så jo mere du fokuserer på det, du gerne vil have, jo større chance er der for, at du får det. Det gælder også det, du vil have ud af denne bog.

FORSLAG 2:
Mens du læser bogen, vil jeg opfordre dig til at have følgende in mente:

- Al forandring er let. (Hvem er det egentlig, der siger, at forandring er svær?)
- Du kan ændre dig allerede i dag, ja faktisk lige i dette sekund.
- Det er sjovt at skabe forandringer.
- Den forandring, du gerne vil se, starter i dit hoved, lige så snart du beslutter dig for det.

FORSLAG 3:
Må jeg invitere dig til at parkere janteloven et andet sted end der, hvor du er nu?
 Du er så meget mere, end du tror, du er! Og selvfølgelig skal du tro, at du er noget. Du er noget i dit eget liv, bare fordi du er dig. Og du er noget i dit ekstrabarns liv. Måske kommer det ikke altid til udtryk fra dets side. Men din tilstedeværelse gør en forskel.

Mit ønske er, at bogen vil inspirere dig til at blive en endnu tydeligere udgave af dig selv.

God læselyst!

JANNE LETH FØRGAARD

'DEN DER KAN GLÆDES OVER LIDT, HAR MEGET AT VÆRE GLAD FOR'.

Ordsprog

KAPITEL I
EKSTRABARNET

EKSTRABARNET

Når vi går ind i et forhold til en mand, der allerede har et barn fra et tidligere forhold, siger vi ikke kun ja til ham, vi siger også ja til barnet og for så vidt også til barnets mor. Når vi lige har mødt hinanden, er vi forelskede og fulde af overskud både over for ham og hans barn.

Men efter et stykke tid begynder jalousien at melde sig sammen med spørgsmål som:

Tager det ikke lidt for lang tid at sige farvel?
Er det virkelig nødvendigt, at hun sidder helt oppe på skødet af ham, når hun er så stor?
Behøver de at snakke så indforstået om tiden, før jeg kom til?

I bedste fald slår vi tankerne hen, samtidig med at vi skammer os over at tænke sådan. I værste fald bruger vi det til at slå os selv oven i hovedet med og bebrejde os selv, at vi er sådan nogle dårlige og smålige mennesker.

Og jalousi er svær, rigtig svær, for mange af os at erkende og ikke mindst stå ved. Ofte er det nemmere at holde jalousien fra livet, når vi bor hver for sig. For så har vi også vores egen base, et sted, hvor vi bestemmer, hvordan det skal være, og som vi kan trække os tilbage til. Derudover er forholdet ikke helt så 'hverdagsslidt', når vi ikke bor under samme tag. Det føles lidt som at være nyforelskede, hver gang vi ses.

Når vi derimod rykker sammen under ét tag, melder hverdagen sig – og nu med ekstrabarn. Hvor der før primært var weekendhygge med god tid til det hele, står den nu på et stramt hverdagsprogram med madpakker, vasketøj, legeaftaler, sportsaktiviteter og alle de andre gøremål, vi har som børnefamilie.

Når vi gerne vil finde et fælles fodslag i vores nye familie, er det for mange kvinder naturligt at blive optaget af spørgsmål som:

Hvad er min rolle her?
Er der overhovedet plads til mig?

Hvis vi flytter ind hos barnets far, hvor han har boet med barnets mor, melder der sig tanker som:

Hvordan kan jeg komme til at føle mig hjemme her?
Hvornår er det o.k. at sige fra over for barnet?
Hvad har jeg ret til at bestemme?
Hvordan finder jeg mig til rette i min rolle som ekstramor?

Og af flere årsager er det klogt at tage tankerne alvorligt, for ellers kan vi få svært ved nogensinde at finde os til rette i rollen som ekstramor. Når vi ikke kan finde os til rette, bliver vi som mennesker utrygge og reagerer derfor automatisk med kamp eller flugt i stedet for at forholde os neutralt og nøgternt til situationen.

Som det allerførste er det vigtigt, at vi voksne afstemmer, hvilken rolle vi har over for hinandens barn. Hvad er det o.k. at blande sig i, og hvad må vi ikke blande os i?

Egentlig er jeg ikke så vild med udtrykket 'at blande sig', for det har en negativ klang. Jeg kan bedre lide at bruge udtrykkene 'byde ind med' eller 'give'.

Hvad kan og vil jeg byde ind med?
Hvad har jeg at give?
Hvad ønsker barnets far, at jeg byder ind med? Er det det samme?
Hvis ikke, hvordan finder vi så et kompromis, vi begge kan acceptere?

Det er vigtigt for hele den nye sammensatte familie at vide, hvem der må hvad og i forhold til hvem. De voksne sætter rammerne, hele familien udfylder dem i fællesskab.

Desuden er det vigtigt for barnet at lære og ikke mindst acceptere, at der nu igen er to voksne under samme tag, og at det som udgangspunkt er dem, der i fællesskab bestemmer.

Før jeg mødte min nuværende mand, boede jeg kort sammen med en anden mand, der havde et barn på 5 år fra et tidligere forhold. Når jeg irettesatte hende, svarede hun prompte: 'Du er ikke min mor'.

Det var sandt, men det var ikke ensbetydende med, at jeg ikke måtte sige fra eller irettesætte. Problemet opstod i mit tilfælde, da min kæreste var mere optaget af, at hans datter ikke blev ked af det, end af, om jeg kunne sige tingene, som jeg oplevede dem.

Eksempelvis sad hun og jeg en dag ved spisebordet, hvor der lå en tokrone, og følgende dialog udspillede sig:

Barn: 'Se, der er fem kroner'.
Jeg: 'Nej, det er to kroner'.
Barn: 'Nej, det er fem kroner'.
Jeg: 'Det er det ikke, det er to kroner. Det kan du se, fordi der står et total på'.
Barn – nu råbende: 'Det er fem kroner. Du er ikke min mor, du bestemmer ikke over mig'.

Hvorefter min daværende kæreste kom farende og anklagende spurgte mig, hvad der var sket? Jeg forklarede, at vi havde snakket om, hvilken mønt det var, der lå på bordet. Han sagde: 'Kunne du ikke bare sige, at det var fem kroner? Var det så vigtigt at få ret, hun er jo bare et barn?'

Jeg vil ikke sige, at det var vigtigt for mig at få ret, men det var vigtigt for mig at bevare min integritet som voksen. Og det var især vigtigt ikke at lyve eller bøje af, når det føltes helt forkert og i direkte modstrid med den objektive sandhed. Selvfølgelig havde det da været nemmere – og ikke mindst bedre for stemningen her og nu – at bøje af og sige noget i stil med: 'Ja ja, det er fem kroner'.

Desværre sker det, nogle gange ofte, at vi bøjer af for at bevare den gode stemning. Det svarer lidt til at tisse i bukserne for at få varmen. Kortvarigt opnår vi måske en acceptabel stemning, men vi ender med at blive sure på kæresten, irriterede på os selv og højst sandsynligt også på barnet, fordi det fik lov at bestemme. Og det er ikke en holdbar løsning i længden, heller ikke for barnet.

> **? SELVREFLEKSION**
>
> Hvornår bøjede du sidst af for at bevare den gode stemning?
>
> _____
>
> _____

HVAD ER JALOUSI?

Hvis du kigger i ordbogen, står der, at jalousi er bitterhed eller had mod nogen, fordi de har noget, vi ikke selv har. Jeg vil uddybe det lidt og beskrive jalousi som en følelse, vi ofte støder på gennem vores opvækst, enten på baggrund af helt konkrete oplevelser eller via vores tanker. Eksempelvis når vi som børn følte, at vores søskende fik mere opmærksomhed, end vi gjorde.

Hvad, der er interessant at kigge på, er, hvorfor vi bliver jaloux. Ofte må vi kigge efter årsagen et helt andet sted end i den konkrete situation, vi står i med vores ekstrabarn.

HVORFOR BLIVER VI JALOUX?

Jalousi kan opstå på grund af vores frygt for at miste det, vi har, eller for ikke at få det, vi ønsker.

ET EKSEMPEL:
Vi sidder og hygger med voksensnak hen over middagsbordet, efter at ekstrabarnet har rejst sig, hvorefter det kommer løbende og vil vise en tegning eller på anden måde have faderens opmærksomhed. Vi mærker måske et stik af jalousi, fordi den intimitet, vi havde, med et trylleslag er væk. Det vil sige, at vi 'mistede' det nærvær, vi havde, og det gav anledning til en følelse af jalousi.

ET ANDET EKSEMPEL:
Det er weekend, ekstrabarnet kommer ind ad døren til faderens store glæde, og vi frygter måske, at vi så ikke kan få den voksentid, opmærksomhed eller hvad det nu er, vi drømmer om. Vi føler ikke, at vi får det, vi ønsker, og jalousien kommer snigende.

For mig er livet ikke sort/hvidt – det er nærmere en hel palet af smukke farver. Derfor er jalousi heller ikke en sort/hvid følelse. Der kan være rigtig mange årsager til, at vi føler jalousi. Ofte hænger det sammen med, hvor stort vores eget behov for anerkendelse er, hvordan vores selvværd har det, og hvor godt vi hviler i os selv.

Hvis vi selv føler, at vi har rigeligt, bliver vi sjældent meget berørt af, at andre får noget, selv om vi ikke gør. Hvis vi derimod har følelsen af at mangle noget, så kan det at andre får noget, prikke til det sår, vi allerede har.

At føle jalousi er en naturlig del af det at være menneske, på lige fod med alle andre følelser, vi har. Vi kan vælge at bruge jalousien konstruktivt. At stoppe op og mærke efter. Mærke: *Hov, her er noget, vi er nødt til at kigge på og arbejde med.* Eller vi kan lade jalousien være en ødelæggende og forhadt følelse i vores liv. Valget er vores eget.

 **ØVELSE**

Næste gang du føler jalousi over for dit ekstrabarn, så spørg dig selv :

Hvad koster det mig at være jaloux?
(For eksempel at jeg distancerer mig fra ham, jeg elsker allerhøjest i hele verden).

_____

_____

Hvad vil det give mig, hvis jeg giver slip på min jalousi?
(For eksempel en følelse af frihed. Inderst inde ved jeg godt, at han også elsker mig).

_____

_____

Hvad vil jeg hellere?
(For eksempel give slip og føle mig fri).

_____

_____

Så har du truffet et bevidst valg, og når du har truffet et bevidst valg, lider du ikke længere.

 FIF

Tag 3-5 dybe vejrtrækninger for at centrere dig selv. Mærk, hvordan du suger kærligheden til dig, når du trækker vejret ind, og mærk, hvordan du giver slip på jalousien, når du ånder ud.

JALOUX? NEJ, IKKE MIG

Hvis vi ikke bevidst har arbejdet med vores jalousi, vil vi sjældent stå ved, at vi har denne følelse. Vi vil prøve at tørre det af på andre, ofte ved at fremhæve, hvad de gør 'forkert'.

ET EKSEMPEL:

Din partner og dit ekstrabarn har været ude og handle, og du synes, det har taget unødvendigt lang tid, og spørger derfor, om det virkelig er nødvendigt at bruge så lang tid på at handle.

Det havde været mere reelt at sige: Jeg følte mig tilsidesat, mens du var ude og handle. Dybest set er det jo slet ikke indkøbsturen, det handler om, men snarere den tid, du ikke får med ham. Eller at han valgte at bruge tid på barnet på bekostning af den tid, han kunne have med dig – også selv om det kun drejede sig om kort tid, måske 30 minutter ud af et helt langt liv, I har udsigt til sammen. Det handler om følelsen af ikke at være sin kærestes førsteprioritet.

✏️ ØVELSE

Lad os et øjeblik lege med tanken om, at du blev tvunget til at vælge mellem din partner og dit barn. Har du ikke selv et barn, så prøv alligevel at lege med og forestil dig, hvordan det må føles at vælge.

Det kan du ikke, siger du måske.

Hvis vi forestiller os, at jeg sætter en pistol i tindingen på dig og beder dig vælge mellem din partner og dit barn. Du har 10 sekunder – ville du så kunne vælge?

Mit gæt er, at det ville du kunne, fordi du ellers ville miste livet og derfor ikke se nogen af dem igen. I hvert fald ikke her på jorden.

Sat i så ekstrem en situation vil de fleste forældre instinktivt vælge deres barn. Også selv om de bor sammen med barnets far, og det ville blive et valg mellem barnet og dets far. Det ligger dybt i vores menneskelige natur for enhver pris at ville beskytte vores barn mod farer.

Heldigvis var situationen bare tænkt, og langt de fleste af os lever et helt liv uden at skulle træffe den slags ubehagelige og meningsløse beslutninger.

Ikke desto mindre er det en lignende situation, vi sætter vores partner i, når vi indirekte med vores sure, manipulerende eller bedende miner tvinger ham vælge mellem os og barnet. Vi beder ham reelt træffe et urimeligt valg, hvis han skal vælge mellem os eller barnet.

Behøver hun virkelig at komme ind og ligge i vores seng om morgenen?
(Underforstået: Det var bedre for mig, hvis det kun var os to).

Behøver du gøre så meget ud af hendes fødselsdag?
(Underforstået: Al den festivitas fortjener hun slet ikke – du skulle hellere bruge energien på mig).

Behøver han at larme så meget, når han er her?
(Underforstået: Det er meget bedre, når det kun er os to).

Jeg er sikker på, at du har fanget min pointe. Der er ingen mennesker i hele verden, der som vores ekstrabarn (og eget barn) kan sætte fingeren lige på det sted, hvor det gør allermest ondt. Vi har to valgmuligheder, måske flere. Vi kan:

1. synes, at børnene er meget irriterende
2. se det som en mulighed for at kigge lidt dybere ind i os selv.

Ofte sender hændelserne med vores ekstrabarn (eller vores eget barn) os direkte tilbage til alle de gange, hvor vi har følt, at nogen vægtede andet og andre højere end os. Og det gør ondt. Men det er også en oplagt chance for at hele de sår, vi har i os, i stedet for at bruge barnet som en dårlig undskyldning for vores utilfredshed.

Et af de privilegier, alle børn har ret til (men ikke nødvendigvis oplever), er at blive elsket ubetinget af deres forældre, også selv om forældrene ikke længere er sammen.

Som ekstramor er vi nødt til at kunne rumme, at vi formentlig deler førstepladsen på ekstrabarnets fars 'elskeliste' med barnet, selv om der naturligvis er tale om to forskellige former for kærlighed. Alt andet ville være uansvarligt af os og egentlig også nytteløst. Det er heldigvis noget, vi kan lære, selv om det måske ikke falder hverken let eller naturligt. Vi kan selvfølgelig også fortsætte med at lide resten af livet ved at føle os som nummer to.

Fordi jalousi kan være så voldsom en følelse, er det klogt og ansvarligt over for os selv at være bevidst om den, så vi kan styre den, i stedet for at den styrer os. Der er meget stor forskel på vores livskvalitet alt efter, hvem — jalousien eller os — der har kontrollen.

HVORFOR ER JALOUSI SÅ SVÆR AT STÅ VED?

Det skyldes mange ting. Ifølge samfundet og vores egne normer tillægger vi jalousi en negativ værdi, og det er derfor ikke noget, vi som mennesker ønsker at associere os med.

Selv har jeg valgt at bruge jalousien som en påmindelse om, at der er noget, jeg er nødt til at kigge på og forholde mig til og handle på.

Så længe vi ikke vil stå ved vores følelser og dermed fornægter dem, har de en uhyre magt over os. Lige så snart vi accepterer dem, tager vi magten tilbage. Lad mig illustrere det med to eksempler:

EKSEMPEL 1

A: *'Tag dig nu sammen! Hvordan kan du være jaloux på et barn? Er det ikke lidt småligt?'*
B: *'Sådan skal du ikke tale til mig efter alt, hvad jeg har gjort for dig og dit barn. Det er dig, der er smålig'.*
A: *'Jeg kan ikke sige to ord til dig, uden at du bliver sur'.*

EKSEMPEL 2

A: *'Tag dig nu sammen! Hvordan kan du være jaloux på et barn? Er det ikke lidt småligt?'*
B: *'Jo, det kan du godt have ret i. Det er småligt, men det er nu engang sådan, jeg føler'.*
A: *'Okay'.*

Prøv at mærke efter: I hvilke af de to eksempler har følelserne størst magt over dig, hvis du var i 'B's sted? Mit gæt er, at det er i eksempel 1.

Det er ikke nødvendigvis let at stå ved de egenskaber, vi betragter som negative. Hvordan du gør det, kan du læse om i kapitel 3.

HVAD ER EGENTLIG DET VÆRSTE, DER KAN SKE VED AT INDRØMME, AT VI ER JALOUX PÅ ET BARN?

At vi får det bedre, plejer jeg at sige.

Når vi står ved noget, når vi siger: *Ja! Det er sådan jeg har det,* kan vi arbejde med det, og så er det ikke længere på samme måde en torn i vores hjerte eller noget, andre kan 'ramme' os med.

Ofte går vi rundt og er bange for, hvad andre mennesker vil tænke, hvis de finder ud af, at vi er jaloux på et barn. Jeg tror faktisk ikke, de kan tænke noget, der er værre end det, jeg allerede selv har tænkt.

Selvbebrejdelsen levede i hvert fald i bedste velgående hos mig, indtil jeg blev bevidst om det og fik sat en stopper for det. Derudover kan jeg berolige dig med, at andre mennesker ofte har rigeligt at se til selv og derfor ikke har fokus på, om du er jaloux på dit ekstrabarn eller ej.

ØVELSE

Vores reaktioner på eksempelvis jalousi har nogle konsekvenser, som vi ofte ikke er bevidste om, ganske enkelt fordi vi aldrig har tænkt over det. Det opfordrer jeg dig til at gøre her ved at stille dig selv nogle spørgsmål om de positive og negative sider ved jalousi.

Hvad får du positivt ud af at være jaloux?
(For eksempel at jeg bliver mindet om, at det, jeg virkelig ønsker mig, er kærlighed).

_____

_____

Hvad mere?
(For eksempel at jeg kan mærke, at jeg virkelig elsker min partner og bare vil have ham for mig selv hele tiden).

_____

_____

>>

Hvilke andre positive ting er der ved jalousi?

_____

_____

Hvad er omkostningerne ved at være jaloux?
(For eksempel, at jeg skubber folk fra mig, selv om jeg længes efter det modsatte).

_____

_____

Hvilke andre omkostninger er der ved jalousi?

_____

_____

Hvis du erkender, at jalousi er en del af dig, vil den så have en større eller mindre magt over dig?

_____

_____

Hvilket menneske ville du være, hvis du kunne styre din jalousi, i stedet for at den styrer dig?

_____

Hvad vil du helst – styres eller selv styre?

_____

_____

Hvad kan du sige til din jalousi (i dit hoved, du behøver ikke sige det højt), næste gang den dukker op?
(For eksempel: 'Hej jalousi, jeg anerkender, at du er her. Men jeg er lige i gang med noget andet').

_____

_____

Hvad kan du gøre, næste gang din jalousi dukker op?
(For eksempel: 'Træk vejret dybt tre gange'.
Ved hver indånding forestiller du dig, at du bliver fyldt op af kærlighed.
Ved hver udånding forestiller du dig, at du giver slip på din jalousi).

_____

_____

JALOUSI OG FØLGEVIRKNINGER

Når vi står ansigt til ansigt med jalousien, giver det ofte anledning til også at kigge på andre følelser og områder af vores liv. Hvor er det egentlig, at vi er utilfredse? Og hvorfor?

Når vi er utilfredse, er det ofte slet ikke ekstrabarnet, der er den virkelige årsag.

I virkeligheden er ekstrabarnet bare en venlig budbringer, der peger på områder i os selv, som vi har brug for at arbejde med.

Eksempelvis er jeg opdraget til at tænke på andre, før jeg tænker på mig selv. Derfor har jeg i utrolig mange år af mit liv haft stort fokus på at give og sørge for, at andre fik, hvad de havde behov for. Så tog jeg det, der blev tilbage. Hvis der blev noget tilbage.

Det kunne være alt fra at vente med at sætte mig i biografen, indtil dem, jeg fulgtes med, havde sat sig, til at lade alle andre tage et stykke eftermiddagskage og så se, hvad der blev tilbage til mig.

Fordi det at sætte andre højere end mig selv var blevet en leveregel for mig, blev jeg i starten vældig provokeret, når mit ene ekstrabarn tænker på sig selv, før hun tænker på andre. Det er et område, jeg har arbejdet meget med. Og tænk engang, nu bemærker jeg faktisk meget sjældent, at hun tænker på sig selv, før hun tænker på andre. I hvert fald er det ikke noget, jeg længere lader mig provokere af. Hvad jeg har gjort for at komme dertil, hvor jeg er i dag, skriver jeg mere om i kapitel 2.

ØVELSE

Hvilken personlig egenskab hos dit ekstrabarn har du sværest ved at håndtere?

_____

_____

Hvorfor tror du, at det er sådan?

_____

_____

Hvilke ligheder er der med dit eget liv?

_____

_____

HOLD PERSON OG PROBLEM ADSKILT

Når vores ekstrabarn eller eget barn gør eller siger ting, vi ikke synes om, bliver vi ofte enten vrede eller truende. Når vi er vrede, skælder vi højlydt ud a la – *Så stopper du lige nu*. Når vi er truende, tilføjer vi en ekstra dimension, konsekvensen: *Hvis du ikke stopper lige nu, kommer du direkte i seng, så bliver der ingen tv de næste dage* og så videre.

Når det gælder ekstrabørnene, er det oftere, i hvert fald her hos os, børnenes far, der tager sig af 'optrinnet', men det forhindrer sandelig ikke mig i at være meget dømmende i mit stille sind. Jeg tænker eksempelvis: *Hold da op en dårlig opdragelse, godt det ikke er mit barn*. Eller: *Det var dog et flabet svar, hvad er det for et barn, der svarer sådan?*

En vigtig ting at huske på, når vi håndterer konflikter både med vores ekstrabarn og alle andre for den sags skyld, er at holde personen og problemet adskilt. Jeg synes, det er helt o.k. at være hård ved problemet, men anbefaler virkelig at være nænsom over for personen. Eksempelvis for nogle år tilbage, da min ældste datter, på 2 år, og mit yngste ekstrabarn på 8 år, var ude i haven og lege med sand. Min datter gravede lystigt i sandkassen, men da skovlen gled, fik mit ekstrabarn noget sand i ansigtet, hvilket selvfølgelig ikke var rart. Hun tog derfor noget sand og lagde hele vejen rundt i kraven på min datters flyverdragt som 'tak'.

Hvis jeg ikke havde behersket mig, kunne jeg hurtigt have hidset mig op og råbt en masse ting. Men jeg sagde i stedet stille og roligt til mit ekstrabarn:

'Da din søster er for lille til at forstå, at hun generede dig, fordi hun ramte dig med sand, vil jeg gerne sige undskyld. Jeg kan godt forstå, at du synes, det ikke var rart med sand i ansigtet (pause). *Det var dumt af dig at fylde sand rundt i kraven på hendes flyverdragt. Nu har hun sand hele vejen ned ad ryggen* (pause). *Næste gang vil jeg gerne bede om, at du tænker dig bedre om'.*

På den måde blev problemet adresseret, uden at jeg sagde til mit ekstrabarn, at hun var dum, fræk eller uopdragen. Jeg sagde, at det, hun gjorde, var dumt. Det syntes jeg også, det var, men jeg syntes ikke, hun var dum. Det er der en hel verden til forskel på. Især for ekstrabarnet, som i det her tilfælde var modtageren af budskabet.

Når vi har brug for at irettesætte vores ekstrabarn, og det får vi brug for i løbet af et langt liv sammen, er der nogle spilleregler, som vi med fordel kan bruge:

- Hold person og problem adskilt.
- Tal om dig selv, ikke om ekstrabarnet.
- Tal i jeg-form i stedet for man-form.
- Se fremad, ikke tilbage.
- Sørg altid for at blive på egen 'banehalvdel'.
- Tag ansvaret – du er den voksne.

 **FIF**

Samme spilleregler kan du med stor fordel bruge i alle relationer.

NARRESTREGER

Narrestreger og andre uacceptable handlinger er et råb om hjælp. Er der tit problemer med dit ekstrabarn og dets opførsel, vil jeg anbefale, at du og ekstrabarnets far kigger et 'spadestik' dybere for at se, hvad den bagvedliggende årsag er. Alt efter alder og opvækst er ekstrabarnet mere eller mindre i stand til at sætte ord på det, det føler. Ofte er det, når det ikke kan få udtrykt, hvordan det egentlig har det, at balladen starter.

Det er nemt at blive sur og skælde ud. Jeg synes bestemt også, det er vigtigt, at vores ekstrabarn lærer, at enhver opførsel – god som dårlig – har en konsekvens. Men nogle gange er manglen på god opførsel i virkeligheden et skrig om at blive set, hørt og elsket. Hvis ekstrabarnet ved, at det får opmærksomhed, når det opfører sig – hvad vi vil betegne som – dårligt, er det, fordi dårlig opmærksomhed er bedre end ingen opmærksomhed.

Jeg er en stor tilhænger af at sætte grænser og sige fra. Da det ikke har været en af mine naturlige spidskompetencer, er det derfor noget, jeg har ekstra fokus på, og noget, jeg må øve mig i hver dag.

Eftersom det, vi fokuserer på, vokser, fokuserer jeg på den gode opførsel. Det kan anbefales at være yderst opmærksom på, hvor ens fokus er.

ET EKSEMPEL:

Vi er ude at cykle, og ekstrabarnet har næsten lige har lært at cykle. Vi cykler ved siden af og tænker: *Bare barnet nu ikke vælter.* Vi kommer med velmenende råd som for eksempel: *se dig for, ikke så tæt på kantstenen, pas nu på, du ikke vælter.* Med andre ord fokuserer vi på alt det, der potentielt kan gå galt. Og det hænder, ikke sjældent, at barnet rent faktisk vælter på cyklen, fordi det kører og tænker: *Ikke vælte på cykel, ikke vælte på cykel, ikke vælte på cykel.* Fokus bliver 'vælte og cykel'.

I forholdet til mine ekstrabørn såvel som til mine egne børn gør jeg mig umage med at have fokus på alle deres positive egenskaber og bemærker dem, så de ved, at jeg har fokus på dem. Det betyder også, at jeg virkelig bestræber mig på at fremhæve de positive ting og deres for mig ønskværdige opførsel i stedet for alle de gange, hvor de eksempelvis ikke svarer eller taler grimt.

Jeg vil gerne fremhæve, at det IKKE betyder, at jeg bare vender det døve øre til og lader dem tale, som de vil. Når det er nødvendigt, korrigerer jeg skam også. Ofte vil jeg prøve at afslutte med noget positivt – for eksempel:

Det er helt o.k. for mig, at du er sur.
Jeg vil gerne have, at du taler pænt alligevel.
Jeg ved nemlig, at du kan tale superpænt, når du har lyst.

Selvfølgelig er det o.k. at blive sur. Vi kan sagtens blive sure og stadig tale pænt. Det øver jeg mig selv i, og det vil jeg gerne give videre til mine ekstrabørn og egne børn. Derfor må jeg selv gå forrest og være den rette rollemodel.

? SELVREFLEKSION

Næste gang dit ekstrabarn kommer, så læg mærke til, hvor du har dit fokus.
Er det på alt det gode/kærlige, det gør, eller er det på de ting, du synes, der kunne være bedre?

Mit fokus er på:

_____

_____

_____

OBSERVATION ELLER REAKTION

Nogle siger, at vores børn er vores bedste læremestre. Dem tilslutter jeg mig og inkluderer også vores ekstrabørn.

I læringsøjemed er det, der er afgørende for mig, hvor meget tid jeg tilbringer sammen med vedkommende, ikke om det er mine egne børn eller mine ekstrabørn. Samværet med ekstrabørnene og især varigheden af samværet er nemlig ligefrem proportionalt med, hvor meget du bliver inspireret (eller tvunget, om du vil) til at lære.

I vores relation til andre, inklusive vores ekstrabørn, er der dybest set to måder at gribe tingene an på:

1. Vi kan observere.
2. Vi kan reagere.

Når vi observerer en egenskab, eksempelvis en kærlig handling, er det ofte, fordi det er en egenskab, som vi har adgang til i os selv. Det skaber altså ikke det store røre, vi observerer blot, at noget sker.

Når vi reagerer på en egenskab, eksempelvis jalousi, er det ofte, fordi det er en egenskab, en side i os selv, som vi ikke vil være ved, og som vi derfor ikke er afklaret med. Det 'rammer' noget i os, som vi ikke har forholdt os til. Det kommer jeg meget mere ind på i kapitel 3.

En af de egenskaber, som børn besidder, indtil vi voksne får pillet den ud af dem, efterhånden som de vokser op, er det at være umiddelbare. At stille åbne og nysgerrige spørgsmål i stedet for bare at konkludere. De observerer noget og spørger til det eller kommenterer det, de ser.

For et par år siden, ikke så længe efter min ældste datter var startet i 0. klasse, ville hun præsentere sin familie og gjorde det med følgende ordvalg: *Min far har mange børn med mange damer.*

Det havde hun observeret, og for hende var det virkeligheden. Det er jo for øvrigt også rigtigt, hvad hun sagde. Hun har tre søstre, og de har alle sammen hver sin mor.

Jeg kunne måske godt have ønsket mig en anden indledning, a la *Josephine har to større søstre fra min mands tidligere forhold.* Af det ordvalg kan du ikke præcis høre, at det involverer to tidligere forhold. Og det havde været (lidt) bedre for min forfængelighed af hensyn til, hvad de andre forældre måtte tænke.

Jeg vil da lyve, hvis jeg siger, at jeg ikke synes, det er lidt rodet med to børn med to mødre. Så på den måde kan du sige, at det er noget, jeg ikke er helt afklaret med, om end jeg er helt indforstået med, at det ikke står til at ændre. Men derfor reagerer jeg alligevel lidt, når det bliver præsenteret, i stedet for bare at observere, at det er sådan, det er.

Prøv at forestille dig, hvor mange konflikter, også i dit parforhold, der kunne meldes aflyst, hvis I hver især kun observerede og spurgte ind til tingene i stedet for at reagere og derfor ofte enten gå i forsvar, til angreb eller begge dele.

ET EKSEMPEL:

Da mit yngste ekstrabarn var ca. 4 år, skulle jeg hjælpe hende med at få strømpebukser på, da hendes far var ude og handle. Strømpebukser var på ingen måde hendes yndlingsbeklædningsgenstand, men eftersom hun ville have kjole på, og det var vinter, var der ikke rigtig nogen vej uden om strømpebukserne.

Hun gik selv i gang med at tage dem på, men blev sur, fordi syningen snoede sig rundt på benet. Jeg tilbød at hjælpe, men hun mente bestemt, at hun kunne selv. Strømpebukserne kom ikke rigtig på, og hun blev mere og mere sur og svedig på benene, da hun kæmpede en brav kamp mod strømpebukserne.

Til sidst sagde jeg: *'Du er nødt til at få strømpebukser på. Vil du selv tage dem på, eller vil du have, at jeg giver dig dem på? Det bestemmer du'.*

Hun ville lige præcis ingen af delene og lå nu og vred sig på gulvet. Jeg sagde derfor: *'Jeg vælger, at jeg giver dig dem på'*. Jeg tog hende op, imod hendes vilje skal det bemærkes, og fik hende i strømpebukserne, om end det ikke var en nem opgave, for hun var blevet utrolig sur nu og råbte højt. Jeg bar hende ind på værelset og sagde, at hun måtte råbe alt det, hun ville derinde.

'Når du kommer ud', sagde jeg til hende, *'vil jeg gerne have, at du taler stille og roligt'.*

Der gik lidt tid, før hun kom ud, stille og roligt med en tegning af en utrolig sur dame. *'Det er dig'*, sagde hun.

Og det var helt o.k. for mig. Jeg syntes, det var passende at få hende i strømpebukserne. Jeg syntes, jeg havde gjort det på en pæn og værdig måde, både over for hende og over for mig selv – og kunne derfor blot observere, at hun havde noteret/observeret, at jeg var blevet vred. Det var rigtigt, og det var jeg o.k. med.

Anderledes stod det til en gang, da jeg reagerede over for min egen datter, der vel på det tidspunkt var 6 år. Hun blev sur, da jeg sagde nej til, at hun måtte se fjernsyn, og udbrød: *'Mor, du er dum. Så dum, så dum, så dum!'*

Mange ting har hun kaldt mig, uden at det er gået mig nævneværdigt på, men dum er ikke en dem, og det udløste en reaktion. Faktisk blev jeg i det tilfælde ret vred og skældte voldsomt ud, fordi jeg virkelig ikke bryder mig om at blive kaldt dum. Da jeg om aftenen gjorde status over dagen og min reaktion, gik det op for mig, at 'dum' er et problem for mig, fordi det minder mig om, at jeg ikke har nogen akademisk uddannelse, og det var jeg åbenbart ikke helt afklaret med. I kapitel 3 kommer jeg ind på, hvordan vi kan bruge disse reaktioner til vores egen fordel.

Tegningen af den sure ekstramor.

En anden gang, da min datter blev sur og syntes, hun ville udfolde sit ordforråd, sagde hun: *'Mor, du er bare så grim. Og tyk'.*

Hvortil jeg blot roligt svarede: *'Jeg kan høre, du er sur, og det er o.k. Jeg vil have, at du taler pænt til mig. Jeg har ikke lyst til at være sammen med dig, når du taler grimt, derfor går jeg nu'.* (Hvorefter jeg forlod badeværelset, hvor optrinnet havde fundet sted).

Selvfølgelig er det ikke o.k., at hun siger, jeg er grim eller tyk. Men eftersom jeg ikke selv synes, jeg er grim eller tyk, afstedkommer det ingen reaktion hos mig. Blot en observation af, at jeg vil have, at mine børn og ekstrabørn taler pænt til mig.

? SELVREFLEKSION

Hvilke ord reagerer du på, når dit ekstrabarn siger dem til dig?

_____

_____

Hvorfor?

_____

_____

Hvilke ord observerer du blot, at dit ekstrabarn siger til dig?

_____

_____

FAMILIEFÆLLESSKAB

I en harmonisk familie er det vigtigt, at alle, og især ekstrabarnet i familien, kan se og mærke følelsen af dets menneskelige værdi og det særlige, netop det har at byde ind med. At det er trygt og godt at være den, det er – også når andre eksempelvis er uenige med ekstrabarnet eller anderledes end ekstrabarnet. Og at alle i familien kan mærke, at de hver især er vigtige for fællesskabet.

Vil vi have ekstrabarnet til at føle sig tryg i vores selskab og velkommen i det hjem, vi deler med dets far, er vi nødt til at byde ekstrabarnet ordentligt velkommen og møde det med respekt og opmærksomhed.

Personligt mener jeg, at det er vores pligt som voksne at være gode rollemodeller. Og det gælder, uanset hvem vi står overfor, og uanset hvordan modparten opfører sig. Fordi et barn måske opfører sig urimeligt, er det jo ikke ensbetydende med, at det er o.k., at jeg også gør det.

Vi kan være en god rollemodel på forskellige måder – her er nogle af dem, jeg synes er særligt nyttige at bruge i familierelationer.

♥ FIF I

Ord har stor magt. Derfor betyder det virkelig meget, hvilke ord vi vælger at bruge. Der vil være stor forskel på, hvordan et budskab bliver modtaget afhængigt af, om vi siger:

1. *Du skal tale pænt til mig.*
2. *Jeg vil gerne have, at du taler pænt til mig.*

Når vi har fokus på, hvad vi gerne vil have, og siger det højt, bliver det konkret og nemt for ekstrabarnet at forstå. Det er samtidig trygt at være sammen med os, fordi der ikke er tvivl om, hvad vi mener. Vi siger, hvad vi mener, og mener, hvad vi siger. Ekstrabarnet behøver ikke bruge energi og kræfter på at gætte sig til, hvad vi mener, eller at være usikker på, om det nu har forstået os korrekt.

>>

Ved at udtrykke os i jeg-form og sige, hvad vi gerne vil have, tager vi ansvar for, at det er noget, vi gerne vil have. Når vi i stedet bruger det generelle 'man', virker det både distancerende og abstrakt.

Prøv at se forskellen på:

1. *Jeg vil gerne have, at du taler pænt til mig.*
2. *Sådan taler man ikke til mig.*

Når vi derimod har fokus på det, vi ikke vil have – som for eksempel: *Sådan taler man ikke til mig* – skaber vi forvirring og frustration, for hvad er det så, vi vil have, og hvem er egentlig 'man'? Sig direkte, hvad du vil have, og stå ved det. Det er så meget nemmere for alle parter – selv om det måske kræver lidt øvelse i starten.

For at vores ekstrabarn kan føle sig respekteret og elsket, er vi nødt til at have fokus på muligheder i stedet for begrænsninger og forbud.

Det er forventeligt, at vi som voksne sætter rammerne, men det er rimeligt, at ekstrabarnet er med til at udfylde dem. Det kan gøres ved at præsentere to muligheder, som det reelt kan vælge mellem:

Jeg vil gerne have, at du laver lektier (pause).
Vil du lave dem nu eller om en halv time?

På den måde føler de – ganske berettiget – at de har et valg. Og når vi som mennesker føler, at vi har et valg, er vi, uanset om vi er ekstrabørn eller voksne, langt mere samarbejdsvillige, end hvis vi føler os trængt op i en krog.

♥ FIF 2

En god måde at inddrage ekstrabarnet i familien og hverdagen på er ved at indføre opgaver (lyder lidt bedre end pligter), som de er ansvarlige for. Det er samtidig vigtigt at tale med dem om, hvorfor de får de opgaver. Det gør de netop, fordi de er en del af fællesskabet. Nogle opgaver er selvfølgelig mere attraktive end andre, det er jeg klar over. Men hvis ingen gad gå ud med skraldet, så ville der jo på et tidspunkt opstå et ildelugtende problem. Der er ingen opgaver, der er dårligere/bedre, vigtigere/mindre vigtige end andre. Alle opgaver er vigtige og bidrager til familiens fællesskab og trivsel.

Hos os har vi også brugt det til at synliggøre, hvor mange praktiske opgaver der rent faktisk er, når vi er en lidt større familie. Vi vil alle sammen gerne være med til at hygge og slappe af – og vi når hurtigere dertil, når alle hjælper med de praktiske opgaver.

Som voksne kan I lave en liste over alle de opgaver, I ser, der er i forbindelse med den daglige husholdning, og så spørge børnene, hvilke opgaver de bedst kunne tænke sig. Nogle er vilde med at lave mad, nogle synes, det er en fest at dække et flot bord og så videre.

Så er der selvfølgelig de opgaver, ingen har lyst til at påtage sig. Alt efter opgavens omfang har jeg følgende forslag.

FORSLAG I:

Lad os sige, at der er fem opgaver, I ikke kan få afsat, og at I er fem personer. Så kan I trække lod, og alle ender med en opgave, de ikke bryder sig om. Sådan er livet også nogle gange. Gør en sport ud af at tænke på måder, hvor opgaven alligevel bliver bedre. Er opgaven for eksempel at gå ud med skraldet – så tag iPod'en på og hør dit yndlingsnummer. Du kan også gå baglæns. Eller lave en aftale om, at når I går ud med skraldet, må I ikke gå normalt, det vil sige, at I skal hinke, hoppe, kravle.

>>

FORSLAG 2:
Lad opgaverne 'rulle'. Det vil sige en uge til hver person med den/de opgaver, I ellers ikke kan få afsat. Så går der 3-5 uger, før alle i familien har været igennem. Og i de uger, hvor det ikke er jeres tur, kan I jo nyde friheden.

♥ FIF 3

Oprydning! Det er vel efterhånden en almindelig udbredt kendsgerning, at mange kvinder ikke er så gode til at slappe af, før der er ryddet op. Modsat er mændene bedre til at slappe af, før der skal ryddes op. Sådan er det i hvert fald hos rigtig mange af de ekstramødre og 'almindelige' mødre, jeg taler med.

Derfor vil jeg anbefale, at du fra ganske tidligt i ekstrabarnets og i øvrigt også i dit eget barns liv lærer det at rydde op efter sig. Jo, det er ofte hurtigere at gøre det selv, når de er ved at lære det. Men på den lange bane er det at gøre dig selv en bjørnetjeneste, hvis du ikke lærer ekstrabarnet at rydde op.

Selv når jeg for femte gang på en weekend spørger mit ekstrabarn, om hun ikke vil hænge overtøjet på knagen i stedet for at smide det på bordet, synes jeg, det er bedst, at hun selv gør det. Ellers lærer jeg hende jo, at hvis hun bare venter længe nok, kommer der en (i det her tilfælde mig) og fikser det for hende. Det ville være dumt af to årsager:

1. Jeg bliver irriteret over at skulle rydde op efter en teenager.
2. Når hun er ude i 'den virkelige verden', er det ikke særligt sandsynligt, at der kommer nogen og ordner tingene for hende. Derfor synes jeg, at det er det mest kærlige at lære hende selv at gøre tingene. Også selv om det på den korte bane ville være lettere for mig, hvis jeg gjorde det selv.

ANERKENDELSE ELLER UNDERKENDELSE

Det kan være svært at være anerkendende, ja endda bare neutral over for et ekstrabarn, der kommer hver anden uge/weekend og vender op og ned på alting. Især hvis ekstrabarnet bliver opdraget anderledes hos sin mor, end vi synes, det bør opdrages.

Det kan også sagtens være, at ekstrabarnet slet ikke er anerkendende over for os. Jeg har hørt om en del grelle tilfælde og er meget taknemmelig for, at mine ekstrabørn altid har behandlet mig pænt og med respekt.

Uanset ekstrabarnets opførsel står det os fuldstændig frit for, hvad vi vil vælge at fokusere på, og hvordan vi vil forholde os til situationen.

Når vi anerkender andre, ser vi deres værdi som de særlige mennesker, lige netop de er. Vi har derfor ikke fokus på, hvad der er rigtigt/forkert, som jo kun er vores dom, men på alle de positive egenskaber.

Når vi underkender andre, siger vi i virkeligheden: *Du er forkert, og jeg er rigtig.* Det gør os til dommere over, hvad der er rigtigt og forkert. Hvilken ret har vi til det? Det er jo kun set ud fra vores perspektiv og ikke den endegyldige sandhed. Når vi dømmer andre mennesker, forstærker vi i virkeligheden vores egen ensomhed.

Anerkendelse øger vores selvværd, fordi vi bliver accepteret og endda anerkendt for at være præcis den, vi er. Når vi anerkender andre, værdsætter vi dem først og fremmest for det, de er, og måske også for det, de gør. En væsentlig pointe her er, at vi ikke forsøger at lave dem om. Vi sætter pris på dem, som de er – ikke noget *hvis bare...*

Den anerkendende tankegang er på ingen måde ny. Ikke desto mindre er den utrolig vigtig og virksom. Når du taler anerkendende, taler du ud fra dig selv og med andre. Du bliver på din egen banehalvdel og tager dit ansvar alvorligt.

Når du taler underkendende, taler du TIL andre i stedet for MED andre. I stedet for at blive 'hjemme hos dig' selv, har du fokus på modparten, eksempelvis ekstrabarnets fejl og mangler. Du prøver at tage magten over andre ved at gøre dig til dommer over andre.

Det er utroligt vigtigt for et ekstrabarns selvværd, at det bliver anerkendt. At blive set, hørt og mødt lige præcis der, hvor det er. Anerkendelse øger et barns (og voksens) selvværd.

Ros er selvfølgelig også en væsentlig faktor, men det er klogt at være lidt mere varsom med den. Der er det med ros, at den ofte fremhæver det, vi gør, og ikke nødvendigvis det, vi er. Hvis vi ser helt nøgternt på ros, er det et pædagogisk værktøj, der appellerer til en handling hos ekstrabarnet, der er ønskværdig for os. Det er fint at rose, men endnu vigtigere er det at anerkende.

TO FORSKELLIGE HJEM – TO FORSKELLIGE REGELSÆT

En af de ting, jeg med jævne mellemrum bliver spurgt om, er, om børn kan håndtere, at der er et sæt regler eller opdragelse, der gælder hos mor, og et andet sæt, der gælder hos far og ekstramor.

Mit korte svar er: *Ja!*

Børn tilpasser sig de regler, der er. Og børn er ikke dumme, de kan sagtens skelne mellem regler hos mor og regler hos far. Det kan selvfølgelig nogle gange være nødvendigt at minde dem om reglerne, men det skyldes ikke, at der er flere sæt af regler i barnets liv, men snarere at børns hoveder er fyldt op med mange andre ting også. Og reglerne er måske ikke dem, der har førsteprioritet.

I øvrigt er der masser af regelsæt i børns liv: i skolen, på fodboldbanen, i fritidsordningen, hos bedsteforældrene. For at være helt ærlig, er der også forskellige regler hjemme hos os alt efter, om ekstrabørnene og mine egne børn er alene med deres far eller mig.

Det børn til gengæld ikke så godt kan håndtere er, hvis de voksne, der bor sammen, er uenige om reglerne. Derfor anbefaler jeg altid, at I som par tager jer tid til at blive enige om, hvilke regler der gælder hos jer, og melder dem klart og kærligt ud, sådan at alle kender reglerne – inden de eventuelt begynder at bryde dem.

Mine ekstrabørns far og jeg er ikke enige i alt, men vi har lavet nogle regler, som vi begge kan leve med. Sker det – og det gør det, kan jeg røbe – at en af os kommer til at bryde dem, har vi den helt klare aftale, at vi ikke påtaler det over for hinanden, når børnene hører på det.

Er det svært?
Oh yes!

Har jeg lyst til at gøre noget meget dramatisk ved Søren, når han bryder en af reglerne?
Ja! I allerhøjeste grad.

Behersker jeg mig, indtil vi er alene eller børnene sover?
Ja. Men det er ikke nemt.

Er det, jeg siger, mere velovervejet, roligt og gennemtænkt, eftersom jeg har været nødt til at vente – nogle gange i mange timer?
Ja!

Føles det godt at sige tingene på en kærlig og gennemtænkt måde?
Ja, egentlig.

Vis ekstrabarnet, at I står sammen. Det er trygt for det at vide, hvor det har jer.

VIL JEG HAVE, ELLER VIL JEG GIVE?

En del ekstramødre – jeg selv var ingen undtagelse i starten – har en tendens til at fokusere på den tid, de mister med deres partner, når ekstrabarnet er der. Det er egentlig lidt fjollet, for den eneste 'fordel', der er ved det, er, at vi bliver i dårligt humør, og det synes jeg ikke, vi kan kalde en fordel.

Når vi har (for stort) fokus på, hvad ekstrabarnet får af sin far både materielt i fysiske ting og emotionelt i tid og kærlighed, er det lidt det samme som at konkludere, at der ikke er nok til alle, og at vi som kæreste mangler noget. Til det har jeg alletiders fif, og det kommer her:

♥ FIF

Spørg dig selv:

Hvad har jeg brug for materielt og emotionelt, og hvordan kan jeg give mig selv det?

_____

_____

Ofte reagerer vi så voldsomt, fordi vi bliver mindet om de ting, vi ikke selv synes, vi fik i vores barndom. Men det ændrer jo ikke på min barndom, som for længst er overstået.

Så i stedet for at sidde med en følelse af at mangle noget fra din partner eller en følelse af at ekstrabarnet tager noget fra dig, er der en helt utrolig stor power og frihed i selv at tage ansvaret for at opfylde det behov.

? SELVREFLEKSION

Hvilket uopfyldt behov, bliver jeg mindet om af mit ekstrabarn?

_____

_____

Det kan være svært at svare på, fordi du ikke er vant til at tænke i de baner. Afsæt for eksempel 30 min., sæt dig et stille sted og reflekter over spørgsmålet. Skriv det svar ned, der kommer til dig, uden at dømme det.

JEG HAR RIGELIGT

Hvis du derimod opererer ud fra tankegangen om, at du har noget at tilbyde dit ekstrabarn, og det har noget at tilbyde dig, ja så bliver oplevelsen en helt anden. Dit fokus vil nemlig være, at du har så rigeligt, at du endda har noget at give af til andre. Det er en helt anden, meget mere behagelig og mindre stressende tankegang end mangel-tankegangen.

Det interessante er, at når du giver af et helt rent hjerte, fordi du har noget at give af, får du ofte endnu mere igen. Men kunsten er at give af et rent hjerte, ikke for at få noget igen.

? SELVREFLEKSION

Hvor stor en procent af tiden giver jeg af et rent hjerte, fordi jeg har lyst?

___

Hvor stor en procent af tiden giver jeg for at få noget igen?

___

SKAB DET FORHOLD, DU ØNSKER TIL DIT EKSTRABARN

Det er helt op til dig at skabe det forhold til dit ekstrabarn, du ønsker. Nu tænker du måske: *Det er vel også op til ekstrabarnet? Jeg er jo ikke bare en tjener, det kan koste rundt med.*

Nej, det er du på ingen måde. Og du har ret til at sige til og fra. Men du er voksen, og alene derfor er du ansvarlig for at skabe et godt forhold til det ekstrabarn, du har fået ind i dit liv, da du gik ind i et forhold til barnets far. Barnet har ikke bedt om dig, og du ikke om det.

Du er fri til at gå fra ekstrabarnets far og ekstrabarnet, hvis du har lyst. Men ekstrabarnet er nødt til at leve med dig, fordi dets far har valgt dig. Derfor er det op til dig at skabe et godt forhold til det.

Det er ikke nødvendigvis altid let. Men det er en mulighed.

Som jeg skrev i begyndelsen af kapitlet, så er det sådan, at den, der kan glædes over lidt, har meget at være glad for. Det gælder også dit ekstrabarn. Glæd dig over alle de små ting, det gør og siger. Fokuser på barnets gode sider, og de vil vokse. Fokuser på dine egne gode sider, og de vil vokse.

Brug ekstrabarnet og din reaktion på det som et mål for, hvor godt det står til inden i dig. Kan du ikke lide det, du ser, så gå forrest og vær den forandring, du gerne vil se. Når du ser med andre øjne, ser din verden og dit ekstrabarn også anderledes ud.

For nylig, i forbindelse med en artikel jeg havde skrevet, skrev en ekstramor til mig, at det forventes af os ekstramødre, at vi holder af, holder ud og behandler ekstrabarnet, som var det vores eget barn, og at vi meget sjældent har nogen rettigheder, når det kommer til de store spørgsmål, som jo også påvirker vores liv.

Og ja, hun har helt ret. Det er sådan, det er at være ekstramor. Men vi bestemmer trods alt selv, hvor meget vi vil holde ud og holde af. Andre har måske nogle meninger på vores vegne, men dem behøver vi ikke at gøre til vores.

Jeg vil derfor opfordre dig til at finde ud af, hvilket forhold du kunne tænke dig at have til dit ekstrabarn, og så sørge for at skabe det. Uanset om dets mor, din egen familie eller omgivelserne generelt har en mening om det, så mærk efter, hvad du har at tilbyde og tilbyd lige netop det. Det vil give dig en stærk følelse af frihed at have fokus på, hvad du vil tilbyde, i stedet for de ting/den tid, dit ekstrabarn tager fra dig.

Hvad vil jeg tilbyde?

1) _____

2) _____

3) _____

4) _____

5) _____

Personligt tilbyder jeg blandt andet mine ekstrabørn:

- Opmærksomhed, når jeg er sammen med dem.
- En interesse i det, der interesserer dem.
- Omsorg.
- At indrette vores menu, når de er hos os, efter de ting, de synes er lækre at spise. Og at bage nogle af de kager, de kan lide at spise.
- En varm velkomst, når de kommer.

Jeg har en drøm om, at mine ekstrabørn, når de bliver voksne, hvilket mit ældste ekstrabarn på 20 år jo faktisk allerede er, kan se tilbage på den del af deres barndom, som jeg har været en del af, og tænke: *Det var fedt at være hos far og Janne, for jeg følte mig altid velkommen og elsket.*

Det er mit 'ekstramor-mål' hver dag at gøre mig umage med at skabe og opretholde et rigtig godt forhold til mine ekstrabørn. Og er der noget, der knager, ved jeg, at det drejer sig mere om mig selv end om dem.

♥ FIF I

Mine bedste sætninger til effektivt at stoppe diskussioner:
- Jeg kan høre, at det er sådan for dig. (pause) For mig er det anderledes.
- Nu stopper jeg (modsat: Nu stopper du).
- Jeg har allerede svaret. Hvis du spørger igen, svarer jeg ikke.
- Jeg ved det ikke.
- Måske.
- Hvis jeg er nødt til at svare lige nu, er svaret nej.
- Jeg vil gerne tænke over det. Jeg svarer dig om en time (og sig så gerne klokkeslættet for, hvornår det er).

♥ FIF 2

En praktisk måde at indføre 'vi hjælper til'-reglen kan være denne:

For at undgå diskussionen om, hvem der tager af bordet, hvem der dækker bordet, hvem der sidder ved siden af hvem, hvem der må styre fjernbetjeningen, har vi indført 'dato-princippet', som er en tradition fra min mands barndom.

Det går i al sin enkelhed ud på, at et barn har de lige datoer, og et andet barn har de ulige datoer. På deres dag betyder det, at de har ansvaret for pligterne, men også glæden af goderne. Nu er vi jo i den 'heldige' situation, at vi har fire børn, og at der derfor er to børn per lige og ulige dato. Men mit ældste ekstrabarn indgår ikke længere som sådan i den turnus, for hun er allerede voksen og tilpasser sig naturligt.

Derfor er det i praksis sådan, at min mands og mine børn hver har en lige og en ulige dato. Når mit yngste ekstrabarn er her, har hun alle dage, forstået på den måde, at hun må hjælpe til hver dag. Til gengæld følger der også flere goder med, fordi hun er større, og fordi det skal være lidt særligt at være sammen med sin far.

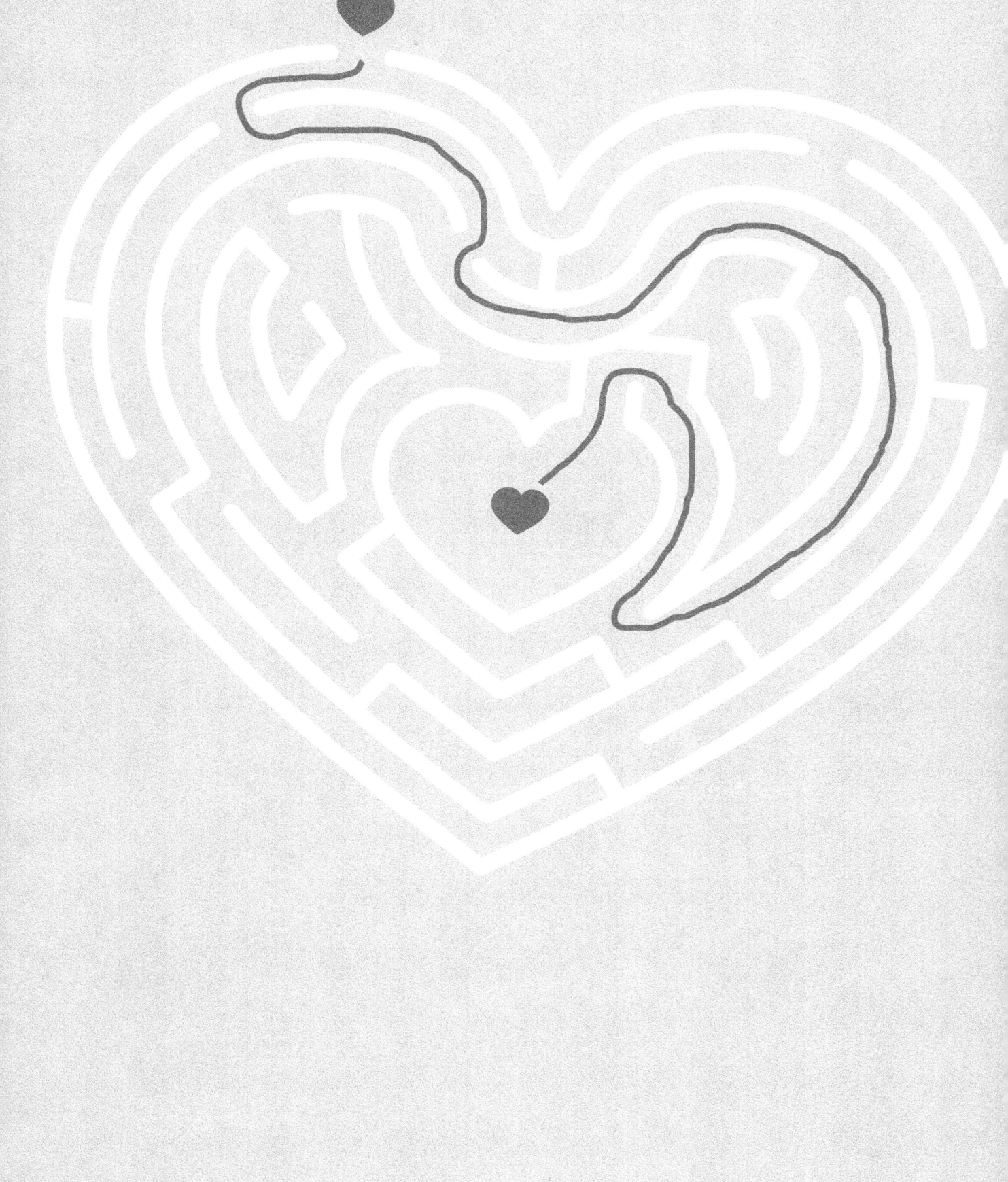

'OUR ULTIMATE FREEDOM IS THE RIGHT AND POWER TO DECIDE HOW ANYBODY OR ANYTHING OUTSIDE OURSELVES WILL AFFECT US'.

Stephen R. Covey

KAPITEL 2
EKSTRAMOR OG FØRSTEHJÆLPSKASSEN

AT VÆRE EKSTRAMOR

At være ekstramor er ikke nødvendigvis let eller i alle tilfælde ønskværdigt. Der er mange udefrakommende faktorer, der spiller ind i vores liv. Faktorer, som vi reelt ikke har nogen eller kun ringe indflydelse på. Det heldige – og det er heldigt – er, at vi fuldstændig selv bestemmer, hvilken betydning vi vil tillægge de hændelser, der indtræffer i vores liv. Her tænker jeg på hændelser, hvor alle involverede er sunde og raske. Ikke at de nødvendigvis agerer hensigtsmæssigt.

Vi bestemmer naturligvis også selv, hvilken betydning vi tillægger det, når en af vores kære bliver alvorligt syg eller måske dør. Men det er et meget mere nuanceret billede og ikke det emne, jeg vil fokusere på.

Nogle gange føler jeg, at jeg er hovedpersonen i 'Cirkus Førgaard – den sammensatte familie', fordi jeg er nødt til at kunne agere linedanser, jonglør, klovn, servitrice, akrobat og sprechstallmeister for at få enderne til at mødes. Og det er virkelig ikke altid let. I hvert fald ikke for mig. Ikke alle roller falder lige naturligt for mig, så nogle er jeg nødt til at bruge (mange) flere kræfter på at udfylde, andre falder mig let, og atter andre har jeg faktisk slet ikke lyst til at leve mig ind i.

Og det er de roller, vi ikke har lyst til at påtage os, som jeg gerne vil gøre op med. Helt grundlæggende er det sådan, at det, vi fokuserer på, vokser.

Derfor er det altid meget mere interessant for mig at fokusere på:

Hvad jeg vil have, i stedet for det jeg mangler.
Hvad jeg kan give, i stedet for hvad jeg kan få/ikke kan få.
Hvordan jeg vil være, i stedet for hvordan jeg ikke vil være.
Hvordan jeg finder løsningen, i stedet for at fare vild i problemet.
Hvordan jeg rent faktisk løser problemet, i stedet for at placere skylden.

Hvis jeg siger til dig, at du ikke må tænke på chokolade, så er det for sent allerede i det sekund, jeg har sagt det. Nu tænker du garanteret på chokolade. Allerede nu, mindre end 5 sekunder efter at jeg har skrevet ordet chokolade, har jeg tænkt på flere af mine yndlingschokolader, og mine tænder løber i vand bare ved tanken.

Vores sind opererer med 'ikke' på en anden måde, end vi tror. For sindet tager ordet 'ikke' helt ud af sætningen. Hvis du tænker: *Åh, jeg orker ikke flere skænderier,* registrerer dit sind skænderier – og vupti inden længe har du dit næste skænderi i gang. Hvis du derimod tænker: *Jeg ønsker mig mere fred,* er det det, du fokuserer på og sandsynligvis får. Med den viden bliver det virkelig interessant at være opmærksom på, hvad vi tænker. Er det noget, vi ønsker os mere af, eller er det i virkeligheden noget, vi helst vil være frie for?

Mother Teresa forklarede det så fint. Hun sagde nemlig:

> 'JEG ØNSKER IKKE AT DELTAGE I EN ANTI-KRIGSMARCH, MEN HVIS I INVITERER TIL EN FOR-FRED-MARCH, VIL JEG MEGET GERNE DELTAGE'.

Derfor vil jeg gerne opfordre dig lige nu og her til at sætte fokus på de ting, du rent faktisk ønsker dig i dit liv.

LIVSHJULET

Til at sætte fokus på de forskellige områder i vores liv og til at blive opmærksomme på, hvordan vi har det med dem, og hvad vi egentlig ønsker, kan vi bruge et såkaldt livshjul. Det er et værktøj, der tydeliggør, hvordan det står til med de områder, vi vælger at fokusere på. Når vi er bevidste om, hvordan det står til, kan vi beslutte, om der er noget, vi er nødt til at ændre på for at leve det liv, vi ønsker.

SÅDAN ARBEJDER DU MED LIVSHJULET

Vælg ti områder eller det antal, der passer dig. Jeg har valgt ti, fordi jeg synes, det er rart at komme hele vejen rundt. Som eksempel har jeg taget nedenstående. Synes du, det er mere passende at arbejde med andre eller færre områder, gør du bare det. Gør, hvad der føles rigtigt for dig.

Her er de områder, jeg oftest bruger i mit livshjul:

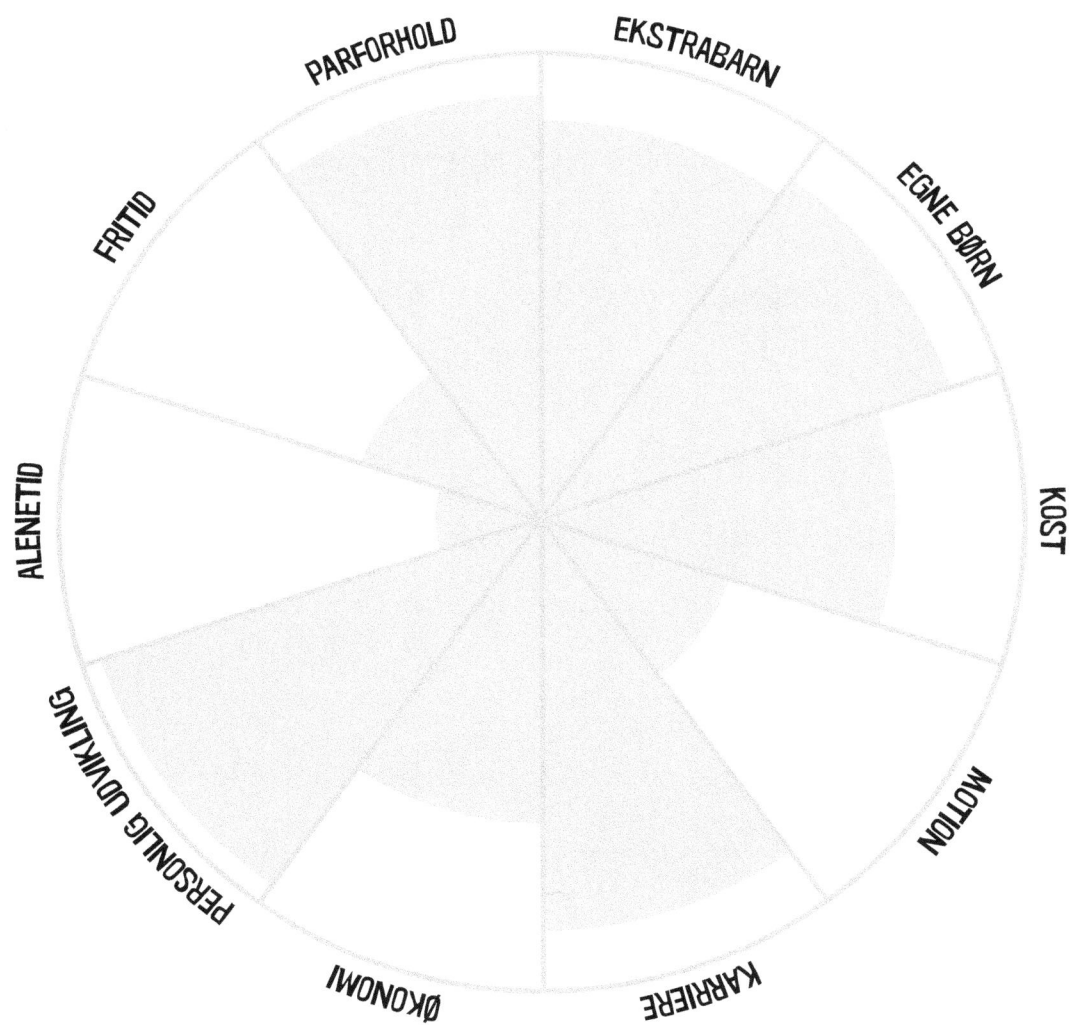

Når du har valgt de ti områder, du vil fokusere på, skriver du ud for hvert 'lagkagestykke' et af de ti områder. Dernæst giver du hvert område en karakter på en skala fra 1 til 10, hvor 1 er den laveste score og derfor ligger helt inde i midten, mens 10 er den højeste score og lig med selve den cirkel, der udgør livshjulet. Når alle områder har fået en karakter, forbinder du dem med hinanden. Se eksemplet. Medmindre alle dine 'lagkagestykker' har fået nogenlunde samme karakter, vil du hurtigt se, at der er en ubalance i dit livshjul, der ville køre meget skævt, hvis det skulle trille.

Lad os sige, at dit punkt om ekstrabarnet har scoret allerlavest, og at du derfor vælger det som første indsatsområde. Så er her en konkret øvelse, du kan bruge til at blive klogere på dig selv.

ØVELSE

Afsæt en time i din kalender til at gennemgå dit livshjul og reflektere over følgende spørgsmål:

Hvad tænker jeg, når jeg ser på livshjulet som en samlet enhed?
___
___

Hvad tænker jeg, når jeg kigger på feltet ekstrabarn?
___
___

Hvor meget tid bruger jeg fysisk på mit ekstrabarn om ugen?
___
___

>>

Hvor meget tid bruger jeg mentalt på mit ekstrabarn om ugen?

___

___

Hvor meget tid samlet bruger jeg i forhold til den tid, jeg ønsker at bruge?

___

___

Hvor tilfreds er jeg med mit tidsforbrug på en skala fra 1 til 10 (hvor 10 er bedst)?

___

___

Med ovenstående svar i hånden kan du lægge en handleplan ved at stille dig selv følgende spørgsmål og skrive svarene ned:

Hvad er jeg nødt til at gøre mere af af det, jeg allerede gør?

___

___

Hvad er jeg nødt til at tilføje?

___

___

Hvad er jeg nødt til at gøre mindre af?

_____

_____

Hvad er jeg nødt til at holde helt op med?

_____

_____

Hvad mere må der nødvendigvis ske (inden for min egen kontrol), før jeg bliver tilfreds?

_____

_____

Hvornår vil jeg begynde?

_____

_____

Hvordan vil jeg fejre mine succeser undervejs?

_____

_____

FORTVIVL IKKE, HVIS DU HAR SVÆRT VED AT FORMULERE, HVAD DU ØNSKER DIG

Nogle gange er det overraskende nok svært at formulere, hvad du ønsker dig. I så fald har jeg en god øvelse, der kan hjælpe dig på vej.

 ØVELSE

Tag et stykke A4-papir. Tegn en streg ned i midten. Skriv i venstre kolonne alle de ting, du ikke ønsker dig. Herefter spørger du dig selv ud for hver ting, du har skrevet ned: Hvad er det modsatte? Og skriver det ned.

ET EKSEMPEL:

Orker ikke flere skænderier	Fred og ro
Gider ikke høre på højtråbende børn	Rolige børn, der taler i et normalt leje

Det, der er med til at skabe det liv, du ønsker, er dine handlinger, der bygger på dine tanker. Du er derfor nødt til at starte med at tænke nogle andre tanker for at foretage nogle andre handlinger og dermed få nogle andre resultater.

Albert Einstein sagde det rigtig fint:

'IDIOTI ER AT GØRE DET SAMME IGEN OG IGEN OG FORVENTE NYE RESULTATER'.

Ergo er du nødt til at gøre noget andet, end du plejer at gøre, hvis du vil se nogle andre resultater.

FOKUS

En af mine absolut største mærkesager er fokus. Vi kan også kalde det opmærksomhed. Det er altafgørende for vores livskvalitet, hvad vi fokuserer på. Det er vores fokus/opmærksomhed og dermed vores tanker, der skaber det liv, vi lever. Vores energi og engagement rettes automatisk mod de ting, vi har fokus på og er opmærksomme på. Jeg kan rigtig godt lide følgende ordsprog på engelsk, der kort og præcist summerer det op:

> 'WHERE ATTENTION GOES
> ENERGY FLOWS
> AND RESULT SHOWS'.

Du kender sikkert udtrykket 'glasset er halvt fuldt eller halvt tomt, det afhænger af øjnene, der ser'. Og det gør det virkelig. Så hvad vil du helst se – et liv fuldt af begrænsninger eller et liv fuldt af muligheder?

Hvis vi nu tager sætningen 'mine ekstrabørn kommer hver anden weekend', kan jeg sagtens se nogle begrænsninger i det for mig. Men omvendt kan jeg også sagtens se en masse muligheder – og det er dem, jeg fokuserer på, dvæler ved, hægter mig fast i og videreudvikler.

♥ FIF

Hvis den begrænsende tankegang melder sig, og det kan den godt finde på, siger du til dig selv:

'Tak for påmindelsen, jeg har ikke brug for dig, mit fokus er et andet sted'.

Herefter tager du en dyb indånding, hvor du forestiller dig, at du suger muligheder til dig, mens du ved udåndingen blæser alle begrænsninger ud. Og det må gerne være en meget overdrevet vejrtrækning, hvis du føler trang til det.

♥ FIF

En god måde at øge det positive syn på dit ekstrabarn og hele konstellationen i den sammensatte familie på er at være taknemmelig og udvise taknemmelighed.

Prøv i 30 dage, hver aften inden du falder i søvn, at have fokus på tre konkrete ting, du er taknemmelig for. Hvis du har mulighed for det, fungerer det rigtig godt, hvis du skriver det ned.

ET EKSEMPEL:
Jeg er taknemmelig for, at:

1. Mine børn har nogle flere søskende.
2. Mine ekstrabørn taler pænt til mig.
3. Mine ekstrabørn kun kommer hver anden weekend/uge.

Har dagen været helt skæv, er det helt fint bare at skrive noget i stil med:

1. Jeg er taknemmelig for, at denne l****dag er slut.
2. Jeg er taknemmelig for, at der starter en ny dag i morgen.
3. Jeg er taknemmelig for, at jeg kan vælge at starte på en frisk i morgen.

Hvis du i nogle dage har skrevet ned, hvad du er taknemmelig for, kan du bladre tilbage og læse det, når der er dage, du bare ønsker overstået i en fart.

Jeg kender flere ekstramødre, der synes, at det er besværligt, at ekstrabarnet kommer hver anden uge eller weekend og 'vender op og ned på det hele', som de siger. Tja, det kan da godt være. Men det er sådan, det er. Så fokuser på det gode, der er ved situationen.

Når du synes, at det er besværligt, at nogen kommer, er det meget sandsynligt, at det rent faktisk bliver besværligt. Hvis du i stedet har fokus på, at du er taknemmelig over, at ekstrabarnet kun kommer hver anden uge, bliver det det, der fylder frem for alle besværlighederne.

TANKER

Nogle gange er vi bevidste om, hvilke tanker vi tænker, og dermed hvilke handlinger det fører til, andre gange er vi ikke.

Måske ved du, at vores sind består af en bevidst del og en ubevidst del. Den bevidste del fylder ca. 10 %, og den ubevidste del fylder ca. 90 %. Personligt synes jeg, at det er meget tankevækkende, at vores bevidsthed kun udgør de ca. 10 %. Hvilket potentiale ligger der ikke gemt i de 90 %?

Alle de ting, vi har placeret i det ubevidste sind, er svære at gøre noget ved, så længe de er ubevidste for os. Det er i vores ubevidste sind, at dårlige vaner og uhensigtsmæssige mønstre holder til. Nogle af vanerne og mønstrene har vi haft så længe, at vi slet ikke er klar over, at det 'bare' er et mønster eller en vane og ikke en del af vores personlighed. Det afsløres, når vi siger ting som:

Sådan er jeg bare.
Sådan har jeg altid været.
Vi kan jo ikke alle være lige heldige.
Der er de andre. Og så er der mig.
Det er jo ikke for sådan en som mig.

Det er blandt andet via coaching, at vi kan få adgang til de ubevidste 90 % – ganske enkelt ved at sætte fokus på de mønstre og vaner, vi har i vores liv. Mange bliver overraskede over, hvor stor en del af vores liv og handlinger, der styres af mønstre, som ikke nødvendigvis gavner os, men som vi holder fast i, dels fordi de giver os tryghed, dels fordi vi ikke er bevidste om, at vi har muligheden for at give slip på dem og handle anderledes.

ET EKSEMPEL FRA MIT EGET LIV

Da jeg flyttede sammen med mine ekstrabørns far, og dermed blev ekstramor hver anden weekend, følte jeg på et tidspunkt ikke rigtig, at der var plads til mig. Objektivt kunne jeg godt se, at det ikke var rigtigt hverken på det fysiske eller det mentale plan. Vi havde en lejlighed på 146 m², hvilket må siges at være nok plads til to voksne og to børn. Min mand gjorde alt for, at jeg skulle føle mig inddraget og taget med på råd. Jeg var derfor klar over, at årsagen (som altid) skulle findes i mig selv. Derfor hyrede jeg en coach til at hjælpe mig med at blive bevidst om, hvad der egentlig skete, når vi havde ekstrabørnene hver anden weekend, for det var svært for mig at gennemskue selv. Jeg havde også rigtig travlt med at dunke mig selv i hovedet over, hvor ringe det var, at jeg havde det sådan – ikke et særligt positivt fokus eller selvkærligt billede, kan du sikkert fornemme.

Det, min coach og jeg kom frem til, var et interessant mønster, som jeg gjorde brug af i flere andre situationer og endda havde brugt i årevis uden at være bevidst om det.

Jeg opdagede, at jeg allerede en dag eller to, inden ekstrabørnene kom, trak mig mentalt lidt tilbage. Det blev så yderligere forstærket, når ekstrabørnene kom, hvor jeg trak mig endnu længere tilbage. Ikke fordi jeg bevidst tænkte, at jeg havde brug for lidt mentalt albuerum, men fordi jeg inderst inde var bange for at blive afvist af ekstrabørnene såvel som af min mand. For at forhindre, at de kunne såre mig, trak jeg mig tilbage, så de ikke kunne såre mig. Helt paradoksalt sårede jeg mig selv, fordi jeg gik glip af fællesskabsfølelsen og sad tilbage med følelsen af, at der ikke var plads til mig. Præcis den følelse, jeg ville undgå at føle, havde jeg nu påført mig selv.

For mig blev det en selvopfyldende profeti, som jeg ikke engang var bevidst om. I hvert fald ikke før jeg fik en coach til at sætte spot på det. Med min nye indsigt og læring fik jeg mulighed for at handle anderledes. Og det gjorde jeg!

Pludselig gav det også mening, hvorfor nogle tidligere parforhold var gået skævt, hvorfor et venindeforhold var røget i vasken, arbejdspladser, jeg havde været ked af at være på. I det hele taget var der meget, der stod lysende klart, da jeg fik styr på det mønster. Den viden og erkendelse var jeg aldrig kommet frem til af mig selv, fordi mit handlemønster var ubevidst.

Var det nemt i starten? Det ved gud, det ikke var! Det var meget angstfremkaldende at skulle til at gøre noget andet i de situationer. Det mønster med at trække mig var jo ikke et, jeg lige havde opbygget til lejligheden, men et der havde fungeret som min faste følgesvend i måske 25 år. Men ved sådan mentalt at sætte det ene ben foran det andet tog jeg det første skridt. Da det første skridt var taget, opdagede jeg, at det ikke var så farligt, som jeg havde frygtet, og det blev derfor lettere at tage det næste skridt. Den dag i dag er det ikke noget, jeg tænker over mere.

GENVEJEN TIL DET UBEVIDSTE SIND

Der er en genvej til det ubevidste sind. Den genvej kan du bruge til at skærpe dit fokus på det, du gerne vil. Det smarte ved det ubevidste sind er, at det ikke skelner mellem, om det, du fokuserer på, allerede er en fysisk realitet i dit liv, eller om det er noget, du ønsker dig, men endnu ikke har. Det vil sige, at du kan ændre din tilstand ved at bruge adgangskoden til det ubevidste sind. Adgangskoden er simpel. Meget simpel, faktisk — her kommer den:

'Jeg er... '

Eksempelvis kan du sige 'Jeg er glad' (også selv om du overhovedet ikke er det). Jo mere du siger 'Jeg er glad', jo mere begynder dit sind at tro på, at du er glad. Og jo gladere bliver du.

Det er meget godt at være glad, men hvad så med at være rig? tænker du. Bliver jeg måske rig af at sige 'Jeg er rig?' Ja, det gør du. Jeg kender mange mennesker, der lever et rigt liv og selv føler, at de lever et rigt liv, uden at vi kan klassificere dem som materielt rige. Rigdom er mange ting. Du kan være rig på kærlighed. Rig på overskud. Rig på energi. Rig på glæde. Rig på tid. Rig på penge. Rig på (ekstra)børn.

Det, der afgør, om du føler dig rig, er din definition af rigdom. Er den af materialistisk karakter i form af penge eller af mental karakter i form af glæde eller måske begge dele?

? SELVREFLEKSION

På hvilke områder i mit liv følger jeg mig rig?

_____

_____

_____

Jeg arbejdede nogle år som event manager i børsmæglerbranchen, hvor lønningerne var højere end gennemsnittet, og hvor mange af mine kollegaer kunne betragtes som materielt velhavende, i hvert fald set i forhold til en gennemsnitsdansker. Følte de sig rige? Ikke nødvendigvis. Det kom helt an på, hvor deres fokus var hver især. Jeg kender mennesker, der føler sig rige uden at have ret mange penge på kontoen, men jeg kender også mennesker, der slet ikke føler sig rige, selv om de materielt er meget rige.

Min pointe er, at du selv kan vælge, hvilke tanker og hvilket fokus du har. Det er ikke ensbetydende med, at du ikke kan række ud efter noget mere eller noget andet. Blot bliver det betydeligt nemmere og sjovere, hvis du er tilfreds og taknemmelig dér, hvor du er, mens du rækker ud efter det, du også ønsker dig.

Jeg hørte Anna Skyggebjerg sige en sætning til et foredrag, som jeg har taget til mig og meget flittigt bruger. Og det er:

'ALT, HVAD JEG HAR, ER ALT, HVAD JEG BEHØVER'.

UBEVIDSTE VANER OG MØNSTRE

Når det gælder ubevidste vaner og mønstre, anbefaler jeg altid at søge professionel hjælp, der kan hjælpe en med at sætte fokus på det, der begrænser en. Der er en god grund til, at vi har sat de begrænsninger op. De tjener nemlig et formål, og det er ikke nødvendigvis nemt selv at få øje på det formål.

DE HISTORIER, VI FORTÆLLER OS SELV OM OS SELV OG ANDRE

De tanker, vi tænker, og de overbevisninger, vi har, er det filter, vi ser verden igennem. En overbevisning er den mening, du tillægger ting, det, du tror på, de historier, du fortæller dig selv – om dig selv og andre.

Eftersom vi alle sammen har vores egne tanker og overbevisninger, ser verden ikke ens ud for alle. Den franske forfatterinde Anaïs Nin (1903-1977) sagde det så rammende:

'VERDEN ER IKKE SOM DEN ER, MEN SOM VI ER'.

Helt konkret betyder det, at hvis du og jeg var tilskuere til den helt samme koncert, ville du efterfølgende have én oplevelse af koncerten, og jeg ville have en anden. Din oplevelse ville være rigtig for dig og min for mig. Det er sådan, verden er. Konflikter opstår, når vi forsøger at presse vores 'udsyn' ned over hovedet på andre, som om vi har patent på den sande oplevelse.

Af samme årsag er jeg meget varsom med at forsøge at presse min sandhed ned over andre – også mine ekstrabørn og børn. Oftere spørger jeg ind til det, de siger, for at danne mig et klart overblik over, hvad de egentlig mener, i stedet for at konkludere på deres vegne. Når jeg gerne vil afslutte en diskussion – også når jeg føler mig uretfærdigt behandlet eller endda såret – bruger jeg meget ofte vendingen: 'Ja, sådan er det for dig. For mig er det anderledes'.

Så har jeg ikke sagt, at min 'modpart' er forkert, jeg har ikke sagt noget om, at jeg har ret, for hvem ved egentlig, hvem der har ret? Jeg har erkendt, at det er forskelligt for os begge. Og så kan jeg jo i mit stille sind tænke, at jeg har ret, hvis jeg har brug for det.

OVERBEVISNINGER

Der er to typer overbevisninger, som er særligt interessante at kigge på. Det er vores faste overbevisninger og vores hæmmende overbevisninger.

Faste overbevisninger:
Det er de overbevisninger, som vi har om livet og om andre. De er ofte forbundet med må/skal. Et eksempel kunne være:

Jeg skal gå i skole, når jeg er barn.
Jeg skal huske at børste mine tænder hver morgen og aften.
Jeg skal huske at behandle andre mennesker ordentligt.

Hæmmende overbevisninger:
Så er der også de hæmmende overbevisninger, som er de ting, vi tror, er sande. En klassisk en af slagsen er:

Jeg er ikke god nok.

Der er mange andre hæmmende overbevisninger:

Alle andre er mere værd end mig.
Jeg fortjener ikke bedre.
Lykke er nok ikke mig forundt.

OVERBEVISNINGEN SØGER ALTID FYSISKE BEVISER

Vores overbevisninger, det, vi tror på, søger altid beviser i den fysiske verden. Derfor vil du meget ofte opleve, at din overbevisning bliver din 'sandhed'.

Derfor er det vigtigt at være meget opmærksom på, om de overbevisninger, du bærer rundt på, er til din fordel, eller om de i virkeligheden arbejder imod dig. Det er meget svært, hvis ikke umuligt, at ændre resultaterne i den fysiske verden, før vi har ændret tankerne i vores hoveder.

Som jeg nævnte i eksemplet før, hvor jeg havde en følelse af, at der ikke var plads til mig, blev den overbevisning til min 'sandhed'. Min overbevisning var, at når ekstrabørnene kommer, tager de al tiden og opmærksomheden fra min elskede på min bekostning. Eftersom det var en overbevisning, jeg havde, blev det ofte sådan for mig, fordi jeg så eksempelvis trak mig tilbage eller følte, at der overhovedet ikke var plads til mig, eller at jeg blev overset.

I dag ved jeg, at det ikke var rigtigt, at jeg blev overset. Jeg ved også, at der var masser af plads til mig. Men jeg ved også, at jeg havde bestemt mig for at føle, at der ikke var plads. Og hvis det var min overbevisning, var det jo umuligt at føle anderledes — indtil den dag jeg bestemte mig for, at den overbevisning fungerede rigtig dårligt for mig. Og at jeg gerne ville af med den, fordi den gav mig nogle resultater, som jeg slet ikke brød mig om, herunder en følelse af at være udenfor. Og det var helt det modsatte af det, som jeg kunne tænke mig.

Idet jeg giver slip på den overbevisning, behøver den ikke længere at kæmpe for at få beviser i den fysiske verden, og den vil smuldre til ingenting.

? SELVREFLEKSION

Hvilken hæmmende overbevisning bærer du rundt på?

_____

_____

Bringer den de resultater med sig, som du gerne vil have?

_____

_____

Hvilken overbevisning vil du hellere tro på nu?

_____

_____

FORVENTNINGER

Vores tanker er med til at skabe vores forventninger. Interessant nok er vores forventninger ofte negative. Det er uheldigt af flere årsager. For det første, fordi det er drænende for hele vores krop og system at have fokus på det negative. For det andet, fordi vi ofte får vores forventninger indfriet. Vi får, hvad vi forventer, ikke nødvendigvis hvad vi fortjener.

Hvordan ser dine forventninger ud til dit ekstrabarn, til dig selv, til livet i al almindelighed?

Er det en fest, der fejres hver dag, eller er livet bare en stor l***, som du er nødt til at tage en bid af hver dag?

Er den kande, du skænker af, halvt tom, eller er den i virkeligheden halvt fuld?

Nu tænker du måske, at din kande er halvt fuld, men at du møder mange andre, hvor den er halvt tom, og at det er deprimerende at høre på. Ja, det er nedslående at lytte til andres negative snak og profetier. Men hvor meget energi vil du give dem og det, de siger? Hvorfor ikke fokusere på alle de positive ting i dit eget liv i stedet for at lade dig dræne af andre, der er negative?

Når jeg møder negativitet eller modstand hos andre, overrasker jeg dem ofte ved at spørge direkte på en kærlig og indlevende måde:

'Hvad gør du ved det?'
Eller: *'Hvor længe vil du have det sådan, før du gør noget ved det?'*

Jeg hjælper dem jo ikke ved at holde dem fast i deres negative forventninger til tilværelsen. Og jeg hjælper i hvert fald slet ikke mig selv, hvis jeg hopper med på 'kanden-er-halvt-tom-vognen'.

Når vi møder andre med negative forventninger eller fordomme, bliver vi ikke alene selv i smådårligt eller stordårligt humør. Vi fraøver også os selv muligheden for at lære dem bedre at kende, fordi vi dømmer i stedet for at være nysgerrige.

Hvorfor mon hun er i så dårligt humør?
Hvad mon hun får ud af altid at være så negativ?
Gud ved, hvordan hun har det, når hun ofte er så sur?

Ovenstående spørgsmål stiller vi typisk, når vi er nysgerrige. Når vi er dømmende, bliver det mere tanker i stil med:

Det må hun selv om.
Sure mokke.
Hun er jo ulidelig at høre på.

♥ FIF

Du får, hvad du forventer, ikke nødvendigvis det, du fortjener.

Så hvilke tre forventninger til rollen som ekstramor kunne du tænke dig at tune ind på nu?

1) _____

2) _____

3) _____

FEJL – LÆRING ELLER LIDELSE

Når vi står over for situationer, der udfordrer os, og det gør vi jo på forskellige tidspunkter i vores liv, uanset om vi lever i en sammensat familie eller ej, kan vi vælge at gøre to ting:

1. Vi kan lære af dem.
2. Vi kan lide os igennem dem.

Af uforklarlige årsager vælger langt de fleste at lide sig igennem. Den største og direkte årsag til lidelse er, at vi har et ønske om eller en forventning til, at noget bør være anderledes. Så længe vi har det sådan, og altså derfor ikke accepterer virkeligheden, som den er, lider vi. Lidelse er en vedvarende mental tilstand, modsat smerte, der er fysisk og ikke permanent (i hvert fald i de fleste tilfælde).

Jeg led også selv før i tiden. Det var ret pinsomt, det siger næsten sig selv. Der er situationer, der ikke står til at ændre. For eksempel at min mand fik to børn med to forskellige mødre, inden jeg mødte ham. Jeg bestemmer selv, om jeg vil lære noget af livet med ekstrabørn, eller om jeg vil lide mig igennem livet med ekstrabørn. Det sekund jeg accepterer, at det er sådan, virkeligheden er – at min mand har to børn med to forskellige mødre – stopper min lidelse på det punkt.

Min grundoverbevisning, det jeg tror på, er at alt, hvad der sker, kan jeg lære noget af, og så længe jeg lærer, lider jeg ikke. I hvert fald ikke ret lang tid ad gangen. Selvfølgelig er der situationer, der gør ondt – helt ind i sjælen. Det vil jeg ikke benægte. Men jeg vil stadig hellere lære end lide. Og jo, der er skam også situationer, hvor jeg har lidt, før jeg har lært.

En anden af mine grundoverbevisninger er, at uanset hvilken situation jeg kommer ud i, VED jeg, at jeg kan klare det. Det er ikke det samme, som at jeg har lyst til at klare det. Men jeg VED, jeg kan, hvis det bliver nødvendigt. Og det er virkelig en stor styrke at have med mig.

Det interessante ved de udfordringer eller problemer, vi løber ind i i vores sammensatte familie, er den måde, vi vælger at håndtere dem på. Faktisk er reaktionen og vores handlinger derefter mere interessant for mig end selve problemet. Hvordan reagerer jeg – bliver jeg lammet, aggressiv eller konstruktiv? Med andre ord: Hvordan kommer jeg frem til en løsning, eller håber jeg bare på, at problemet løser sig selv?

Når jeg er lammet, siger det næsten sig selv, at jeg ingen vegne kommer. Når jeg er aggressiv, kommer jeg ofte frem på bekostning af andre, og det bryder jeg mig ikke om. Når jeg er konstruktiv, lærer jeg. Jeg lærer at fokusere på muligheder i stedet for begrænsninger. At se løsninger i stedet for problemer.

Nogle gange begår vi voksne fejl – også over for dem, vi elsker og holder af. Det kan være vores børn, vores ekstrabørn eller vores partner. Det er en del af livet. Ingen er perfekte, og det er helt, som det skal være.

For mig er en fejl kun en fejl, hvis jeg ikke lærer noget af den og derfor gentager den. Alternativt er en 'fejl' feedback til mig om, at jeg gerne vil håndtere situationen anderledes næste gang. Jeg er derfor blevet en erfaring rigere.

Det virker meget bedre for mig personligt at anskue det på den måde. Så bliver jeg heller ikke så bange for at prøve noget nyt eller sige fra over for mine ekstrabørn, for jeg ved, at der ikke er tale om fejl, men højst om feedback til at gøre tingene på en anden måde.

? SELVREFLEKSION

Lad os sige, at 100 % er al din tid:

Hvor mange procent af tiden lærer du?

_____

Hvor mange procent af tiden lider du?

_____

AT SÆTTE GRÆNSER

At sætte dine grænser tydeligt, venligt og bestemt er en af de største gaver, du kan give dig selv, dit ekstrabarn og alle dine andre relationer for den sags skyld.

Når du handler i overensstemmelse med dine værdier og markerer din grænse, går du frem som et godt eksempel, der tør stå ved den, du er. Det er rart og trygt for børn, men også for voksne at være sammen med andre, der er tydelige.

Når du er grænseløs eller blot uklar i din grænsesætning, bliver det utrygt at være sammen med dig, og især børn vil opsøge din grænse for at mærke, hvor du er henne. Hvor stopper jeg selv, og hvor begynder du? Det skaber konflikter inden i dig så vel som i dine omgivelser. Og det er virkelig drænende for alle.

Nogle af os har ikke selv lært at sætte tydelige grænser, for det var ikke rigtig 'in', da vi var børn. Derfor har vi ingen erfaringer eller referencer, vi kan hive frem og bruge. Men vi må starte et sted, og det er ved at lytte til os selv.

Mange af os er så vant til at tage hensyn til andres grænser, at det kan være svært at mærke, hvor vores egne går. Der er kun en ting at gøre, og det er at mærke godt efter. Ingen kender dig så godt, som du gør. Så mærk efter, og stå ved det, du mærker. Og vid, at du ikke er dårlig til at sætte grænser, men bare ikke har øvet dig ret meget på det. Øvelse gør som bekendt mester. Jeg kan rigtig godt lide det engelske udtryk: *Every master was once a disaster.*

Du – og kun du – er ansvarlig for at sætte dine grænser, andre kan ikke trække dem op for dig, selv om de måske prøver. På samme måde er det også dit ansvar at stoppe, når du overtræder andres grænser, og de gør dig opmærksom på det.

FORANDRING

Mange mennesker ønsker at udvikle sig, men når det kommer til stykket, ønsker de dybest set ikke forandring. Jeg ved, hvad jeg har, ikke hvad jeg får.

Men hvad nu, hvis forandring er positivt? Og rigtig let? Det bestemmer du i virkeligheden selv.

Ofte er der det med forandring, at tingene nogle gange bliver værre, før de bliver bedre.

For eksempel indførte vi for nogle måneder siden, at alle børn, store som små, fik nogle flere huslige pligter. Sikken en ballade der først blev…

Det er ikke fair.
Hvorfor skal jeg lave mere end hende?
Hvorfor er det altid mig der…?
Det er snyd.
Jeg gider ikke.

Der blev ikke sparet på de knap så opmuntrende kommentarer fra børneflokken. Min mand og jeg kiggede et kort øjeblik på hinanden og blev helt trætte. Der er ingen tvivl om, at vi kan gøre det betydeligt hurtigere selv og samtidig slippe for al den brok. Men så får vi ikke den forandring, vi ønsker os på sigt, nemlig nogle børn, der i endnu større udstrækning bidrager til vores fællesskab.

Forandring kræver ofte, at vi modstår presset for en stund. Desværre er der mange af os, der har en tendens til at give efter for presset og så konstatere noget i stil med: *Så var det heller ikke vigtigere.*

Tænk, hvis vi havde været lige så opgivende, da vi skulle lære at gå, og bare havde sagt: *Nå, nu faldt jeg, jeg lærer aldrig at gå.* Og så bare var blevet siddende…

Forandring tager tid. Og det er helt o.k. Du har måske i nogen tid haft ideen i dit hoved, inden du præsenterer den for dit ekstrabarn og din partner. Det er ikke sikkert, at de synes, ideen er lige så god som du, eller at de er klar til straks at føre den ud i livet.

Men ting lykkes for os, når vi holder fast i det, vi mener, og overvinder vores egne begrænsninger. Og ikke mindst modstår presset fra omverdenen og holder fast i vores nuværende udgangspunkt.

? SELVREFLEKSION

Hvilke tanker har jeg om forandring?
_____
_____

Hvor tit modstår jeg presset?
_____
_____

MÅL: TEKNIK ELLER RELATIONER

Før jeg lærte mere om, hvordan man kan nå sine mål, tænkte jeg ofte, at de, der når deres mål, formentlig har nogle specielle egenskaber, er helt afsindigt dygtige og har nogle særligt lukrative kontakter, der kan hjælpe dem på vej.

Derfor blev jeg lidt overrasket, da jeg læste en påstand om, at det at nå et mål kun kræver ca. 10 % viden/teknik, de resterende 90 % handler om, hvor god du er til at omgås andre mennesker.

Hertil kunne jeg tænke mig at tilføje, at der i de 90 % og din evne til at omgås andre også ligger, hvor god du er til at omgås dig selv.

Hvis dit mål er at skabe en sammensat familie, der har det godt, kræver det selvfølgelig viden og teknik. Men det kræver især, at du formår at omgås familiemedlemmerne og dig selv. Der er altså ikke et særligt kursus, du kan tage for at være familiemedlem i en sammensat familie, men det kræver, at du udvikler din evne til at omgås andre, hvis du vil trives.

For mig giver det derfor god mening at investere i sig selv forstået på den måde, at jo mere man lærer om relationer, familiedynamik og sig selv, jo bedre bliver man til at leve i sin sammensatte familie, og jo rarere bliver det at være familiemedlemmer i familien.

Når du står over for at skulle træffe en beslutning i forhold til din sammensatte familie og dig selv, så stil dig selv følgende spørgsmål:

? SELVREFLEKSION

Bringer det her mig tættere på eller længere væk fra min familie?

___

___

Bringer det her mig tættere på eller længere væk fra mig selv?

___

___

FORSKELLIGE MENNESKER

Vi mennesker er forskellige, vidt forskellige, og det hjælper ikke, at vi prøver at tvinge vores barn eller ekstrabarn til at se verden, som vi gør. For vi er ikke ens, vi ser ikke tingene ens og hurra for det.

Der findes mange forskellige værktøjer på markedet, som vi kan bruge til at blive klogere på os selv og naturligvis også på andre. Nogle af dem er gratis, andre er vi nødt til at betale for, eksempelvis i form af en test.

Jeg har to 'værktøjer', som jeg er særligt glad for, og som har gjort den allerstørste forskel for mig i forhold til at forstå mig selv, mine ekstrabørn, mine egne børn og ikke mindst min mand. Især min mand, mit ene barn og mit ene ekstrabarn er markant anderledes end mig, og det har nogle gange gjort det svært for mig at forstå dem, hvilket har ført til frustrationer, irritationer og diskussioner.

Mine favoritværktøjer:
Værktøj 1: Matchere og mismatchere
Jeg stødte på begrebet 'matchere' og 'mismatchere' i forbindelse med min uddannelse som coach hos Sofia Manning. Undervisningen var dårligt nok gået i gang, før nogle væsentlige brikker faldt på plads i mig – særligt med hensyn til min datter, mit ene ekstrabarn og min mand.

Cirka 30 % af befolkningen er mismatchere. Det betyder helt konkret, at de som det første tænker nej, når de lytter, lærer eller modtager information. Derfor kaldes de også nogle gange 'Nej-mennesker'.

De trives med at se forskelligheder, med at 'mismatche', og vil derfor ofte tænke eller sige:

Det er jeg ikke enig i.
Hvad kunne være anderledes?
Kan vi gøre det modsatte?
Hvorfor kan vi ikke gøre det på en anden måde?
Hvad kunne der være mere af?
Hvad kunne der være mindre af?

Cirka 70 % af befolkningen er matchere. De tænker: 'ja, det er jeg enig i, og hvordan kan jeg bruge det i min dagligdag?' Derfor kaldes de også 'Ja-mennesker'. De siger og tænker i stil med:

Ja, god idé.
Ja, det er fedt. Hvor er det, jeg allerede kender det fra?
Hvordan kan jeg bruge det?

Ud over selve den sproglige 'ja'- og 'nej'-tendens kan det ofte også ses på kropssproget og hele attituden, om du har at gøre med en matcher eller en mismatcher. Det ene er ikke bedre eller værre end det andet, det er bare to forskellige måder at være i verden på. Meget tyder på, at det er medfødt, om du er matcher eller mismatcher.

Det har åbnet op for en række nye kommunikationsmuligheder for mig, at jeg nu ved, at vi er forskellige. Hvis du også synes, det lyder spændende, kan du google 'mismatcher' og få adgang til gratis inspiration.

♥ FIF

Sådan kommunikerer du med mismatchere:

1) Giv muligheder med omvendt psykologi
   Du har sikkert ikke lyst til …
   Det er slet ikke sikkert, at det er muligt lige nu, men …

2) Brug neutrale vendinger og åbne spørgsmål
   Har du tid til at (i stedet for 'du skal')?

3) Giv plads til feedback
   Se eventuelt kritik fra mismatcheres side som feedback snarere end som kritik. Det er deres måde at bidrage på.

Hvis du er mismatcher, kan du med fordel:

1) Spørge dig selv, om det er relevant at bidrage med dit nej lige nu
   Er det nødvendigt at sige det højt, eller er det nok at tænke, at du måske ikke er enig?

2) Møde matcheren der, hvor han/hun er
   I stedet for at sige *nej* eller *men*, så sig *OG*. Eksempelvis: *Det er spændende, det du siger, OG det får mig til at tænke på, om vi …*

3) Sige ligeud, hvis du er mismatcher
   Sig, at du trives med udfordringer og en 'ikke-konkluderende-på-dine-vegne'-holdning.

Værktøj 2: Enneagrammet
Enneagrammet er en model, der inddeler mennesker i ni forskellige typer, der viser ni forskellige måder at være i livet på. Ved at læse om de forskellige typer blev det klart for mig, hvorfor jeg reagerer, som jeg gør, mens mit barn, mit ekstrabarn og min mand reagerer på en helt anden måde. Enneagrammet er en hel 'videnskab' for sig. Hvis du vil vide mere om det, kan du google 'enneagram', og du får en vifte af information stillet til rådighed. Der er også skrevet mange bøger om emnet.

EN EKSTRAMORS SELVVÆRD

Jeg plejer at sige, at det kræver et meget stort selvværd, altså følelsen af at være noget værd i sig selv, at være ekstramor. Det er ikke en rolle for sarte sjæle. Der er så mange sider i os selv, vi bliver konfronteret med, når vi forelsker os til børn, der ikke er vores egne.

Ofte tror vi, at det drejer sig om de andre. Det er deres skyld – enten på grund af noget, de har gjort eller ikke gjort, noget, de har sagt eller ikke sagt – men det handler altid om os selv. Hvis du spørger mig.

Ekstrabarnet er en venlig budbringer, der gør os opmærksom på de sider i os selv, som vi ikke har styr på. Derfor er det en vældig god idé at sørge for at sætte meget og løbende ind på vores egen selvværdskonto, så der er noget at lappe de huller med, som vi møder i vores rolle som ekstramor.

Først og fremmest er dine følelser en tilstand, du selv skaber. Andre kan ikke skabe følelser i dig. Deres opførsel og den værdi, du tillægger den eller dem, kan. Jeg vil anbefale dig at overveje, hvem du tillader dig selv at være. Giver du dig selv lov til at være en, der siger fra, mærker din grænse og står ved den? Eller tillader du dig selv at være en, der adlyder andre og opfylder deres behov før dine egne behov eller endda på bekostning af dine egne behov?

Det, der er interessant at se på, er, hvem du pålægger og tillader dig selv at være.

Hvis du vil have et andet resultat, et andet selvværd, end du har nu, er du nødt til at starte lige nu. Lige her. Hvad kan du gøre anderledes i dag for at styrke dit selvværd? Og vil du gøre det?

 **FIF**

Ingen kan få dig til at føle dig mindreværdig og uden selvværd uden dit samtykke.

Du får ganske enkelt ikke følelsen, hvis ikke du tillader, at den er der.
Derfor er det op til dig, hvor selvværdig du vil føle dig. Jeg er klar over, at manglen på selvværd kan være grundlagt allerede fra barnsben. Men den kan du gøre op med, hvis du har lyst. Ingen andre mennesker kan få dig til at trives, hvis ikke du giver dig selv lov til at trives.

? SELVREFLEKSION

På en skala fra 1 til 10 (hvor 10 er bedst), hvor godt er dit selvværd?

Skriv tre konkrete ting, du selv kan gøre for at styrke dit selvværd:

1) _____

2) _____

3) _____

♥ FIF

Uanset hvad andre siger til os af pæne ting, kan vi ikke tage dem til os, hvis vores selvværd hænger i laser. Derfor er mit selvværd noget, jeg prioriterer meget højt. Her er nogle af de ting, der virker for mig:

- Hver aften inden jeg sover, skriver jeg tre ting, jeg er god til (bare fordi jeg er mig).
- Jeg sørger for (næsten) hver dag at gøre noget KUN for at gøre mig selv glad. Det kan være at lytte til min yndlingssang, at smile uden 'grund', at læse artikler og bøger, der øger mit selvværd (se eventuelt inspirationsliste bagerst i bogen). Du kan også google 'selvværd' og finde masser af nyttig og gratis information.
- Jeg siger positive ting til mig selv hver dag i stil med:
  Jeg fortjener gode ting og tager nu imod dem.
  Jeg øver mig i at behandle mig selv lige så kærligt og nænsomt, som jeg behandler andre.

♥ FIF – HARDCORE

Hver gang du siger eller tænker noget grimt om dig selv, tager du fem armbøjninger.
(Du vil inden for utrolig kort tid se nogle usædvanligt trænede overarme).

SELVKÆRLIGHED ELLER SELVHAD

Hvis dine indre autoriteter ligner mine bare en lille smule, er de hverken kærlige eller nænsomme. Nærmere afstumpede generaler, der hundser rundt med dig, men alligevel aldrig er helt tilfredse – uanset om du har løbet 5 km i stiv kuling og regnvejr, eller om du har spist supersundt i en uge, for så at spise en lillebitte småkage på en ugedag, når 'alle ved', at det kun er tilladt at spise sukker i weekenden.

Kender du den indre djævel, der bare pisker dig rundt? Det gør jeg. Den har et navn. Og det er selvhad.

Hvis du talte til og behandlede dine venner eller din familie, som du taler til og behandler dig selv, ville du så have nogen venner eller familie tilbage? Jeg spørger bare.

De ekstramødre, jeg konfronterer med det udsagn under individuelle sessioner, bliver ofte meget chokerede og siger, at sådan kunne de aldrig finde på at tale til eller behandle andre. Så hvorfor behandle sig selv sådan? Det giver jo absolut ingen mening. Det vil jeg gerne være den første til at skrive under på.

Vær nænsom ved dig selv. Læg mærke til, hvordan du taler til og om dig selv, både det, du siger højt, men sandelig også det, du siger inde i dit hoved. Er det en støttende eller nedbrydende 'dialog', du har kørende?

 **FIF**

Stop op et par gange om dagen og spørg dig selv: Er det mit selvhad eller min selvkærlighed, der taler her? Noter svaret.

Hvis dit selvhads stemme taler mere end din selvkærlighed, bliver det også svært for andre med en kærlig stemme at komme til.

At udvise selvkærlighed betyder også, at vi siger stop over for andre, når vi ikke vil påtage os mere. At sige nej til andre er at sige ja til sig selv. Nogle vil mene, at det er egoistisk. Det mener jeg ikke. Jeg mener, det er egoistisk at gøre noget for andre, som vi dybest set ikke har lyst til, men som vi gør alligevel – alt imens vi brokker os til en tredje part. Og når vi så ikke får nogen anerkendelse fra dem, vi har 'ofret' os for, begynder vi at opføre os som vaskeægte martyrer – og det er efter min mening egoistisk. At gøre noget for andre, vi ikke har lyst til, for at undgå en konflikt. Det betyder, at jeg ikke kan regne med dig. Du gør det, mens du brokker dig til andre, men siger det ikke direkte til mig. Dermed får jeg ikke mulighed for at rette op på det. Det er for mig at se egoisme.

Jo mere vi står ved den person, vi er, og udtrykker vores følelser og grænser, jo mere reagerer omverdenen typisk på det. Det kan være svært at lade være med at lade sig påvirke af, at andre har en anden og måske stærk mening om, hvad vi bør eller ikke bør. Hvorvidt vi står fast ved vores udgangspunkt, afhænger ofte af, hvor godt vores selvværd har det.

 FIF

Brug dine egne fremskridt som pejlemærke i stedet for at sammenligne dig med andre.

KONTROL

I kapitel 5 kommer jeg ind på kontrol og parforhold, men jeg synes, at det også er på sin plads at komme ind på kontrol her.

Et ønske om at kontrollere er dybest set det samme som at sige 'ja tak til stress'. Der er så mange ting, der er umulige at kontrollere, især ekstrabørn – og børn i det hele taget.

For mig at se er kontrol et problematisk område af to årsager:

1. Et ønske om kontrol er det samme som at nære mistillid til omgivelserne. Jeg tror ikke, du kan gøre det lige så godt, som jeg kan, så jeg kontrollerer lige…
2. At ønske at kontrollere er det samme som at have fokus på alt det, der ikke fungerer.

Vær opmærksom på, at der er forskel på eksempelvis at kontrollere en proces frem for at styre/lede en proces.

Jeg anbefaler altid, at man har tillid til processen. Det er ikke det samme som at slippe tøjlerne og være ligeglad. Overhovedet ikke. Tværtimod. Ofte bliver vi faktisk lidt ligeglade med vores omgivelser, når vi har sat os for, at vi vil have kontrollen.

Du kender garanteret udtrykket 'han fik ret, jeg fik fred'. Ofte er vi mennesker, måske særligt kvinder, forhippede på at bevise, at vi har ret – så vi kan få kontrollen.

Det er ikke ualmindeligt, at det leder til ubehagelige magtkampe, og 'vinderen' bliver den, der længst kan modstå presset fra den anden. Desværre er der bare ingen vindere i sådan en situation. Det kan godt være, at vi fik trumfet vores idé igennem, eller at vi holdt fast i, at han ikke fik sin idé igennem. Men det er meget sjældent med en følelse af glæde. I stedet for at insistere på at få ret, på at få kontrollen, kan vi vælge en helt anden udvej, nemlig at stoppe.

Vi kan ganske enkelt vælge at sige: *Nu stopper jeg*. Ofte, meget ofte, har vi i høj grad fokus på: *Nu stopper du* – men vi kan altså også vende den om og sige: *Nu stopper jeg*.

Konflikten, som i sin rene form blot er et udtryk for, at vi er to, der vil noget forskelligt, kan kun opretholdes, hvis vi er to om den. Det er et relativt simpelt værktøj, men det kan være helt utroligt svært at benytte. Særligt for dem af os, som godt kan lide at få ret og have kontrollen. Hvorfor ikke bare vise, at vores idé også er en mulighed – er det virkelig nødvendigt at bevise, at det er den eneste rigtige mulighed?

? SELVREFLEKSION

Hvad tror jeg, der sker, hvis jeg giver slip på mit behov for kontrol?

_____

_____

AT VÆRE NÆRVÆRENDE

Det er blevet så populært at tale nærvær og mindfulness, og det er der en god grund til. For når du er nærværende, føler du dig sjældent stresset.

I de seneste år er der skrevet mange bøger om nærvær, du kan tage kurser i nærvær, og du kan endda leve af at instruere andre mennesker i at lære nærværets kunst.

Jeg vil også gerne hylde nærværet. I nærværet nyder du det selskab, du er i, for eksempel dit ekstrabarns. Når du virkelig er nærværende, slipper du stressende, fordømmende og ængstelige tanker, der ellers dræner dig for energi. Ved bevidst at arbejde med nærvær og mindfulness, slipper du mange af de tanker og bekymringer, der ikke gør dig godt.

Har du prøvet at være sammen med et menneske der var 100 % nærværende? Det efterlader en med en følelse af at være den vigtigste person i hele verden – og hvilken herlig følelse.

Nærvær er noget, vi uden de store anstrengelser eller økonomiske udgifter kan tilbyde vores ekstrabørn. Vores nærvær, at se dem som de er. Ingen dom, ingen kritik, blot nærvær.

Det er faktisk sværere end som så at være nærværende i lang tid ad gangen. For mig er det i hvert fald. Så popper der alle mulige andre tanker op. For eksempel:

Hov, fik jeg ordnet vasketøjet?
Huskede jeg laksen til aftensmaden?
Hvilket tøj vil jeg have på til mødet i morgen?
Hvad mon klokken efterhånden er blevet?

At være nærværende umuliggør også det at ærgre sig over fortiden eller bekymre sig om fremtiden. Og det er jo egentlig spild af tid at bruge tanker på fortiden. Hvert sekund jeg bruger på min fortid, går jeg glip af i min nutid. Hvert sekund jeg bruger på at bekymre mig om min fremtid, går jeg glip af i nuet. Det siges så fint på engelsk:

'YESTERDAY IS HISTORY
TOMORROW IS A MYSTERY
TODAY IS A GIFT, THAT'S WHY IT'S CALLED THE PRESENT'.

✏️ ØVELSE

Hvis du får at vide, at du kun har en måned tilbage at leve i, hvad vil du så gøre for at være mere nærværende, end du er i dag? Nævn fem konkrete ting:

1) _____

2) _____

3) _____

4) _____

5) _____

EN EKSTRAMOR MED RESSOURCER

Der er situationer, hvor vi er udkørte, nedslidte, trætte, frustrerede, irriterede, og så kan det være svært at mobilisere nærvær. Det er helt o.k. – vi er kun mennesker. I de situationer stiller jeg mig selv et ganske enkelt spørgsmål, som er en stor hjælp for mig.

Hvad ville en ekstramor med ressourcer gøre i denne situation?

Og så handler jeg derefter.

♥ FIF

Jeg har listet en række ord, som i min verden er en ekstramors uundværlige førstehjælpsord. Og de er her – frit tilgængelige for dig. Brug dem, alt det du vil.

- *Pyt.*
- *Ja, hvorfor ikke?*
- *Måske.*
- *Hvad er det gode, der kommer ud af denne situation?*
- *Jeg ved det ikke.*
- *Alt afhænger af øjnene, der ser.*
- *Det varer ikke evigt.*
- *Uanset hvilken situation jeg kommer i, ved jeg, at jeg kan klare det.*

♥ FIF

I stedet for at gå og håbe på et bestemt udfald kan jeg anbefale at bruge:
Gad vide ...

Jeg håber, at ekstrabarnet opfører sig ordentligt.
Så er der næsten lagt op til skuffelse – medmindre det opfører sig, præcis som du havde tænkt dig.

Hvis du i stedet øver dig i at tænke:
Gad vide, om ekstrabarnet opfører sig ordentligt? Og hvis det ikke gør – hvad er så årsagen til det?
... er der lagt op til en nysgerrig indstilling i stedet for den dømmende:
Jeg håber...

VÆRDIER

Ud over kærligheden er de værdier, vi voksne har og opererer ud fra bevidst og ubevidst, noget af det vigtigste i en familie – uanset om familien er sammensat eller er en traditionel kernefamilie.

En værdi kan være en følelse, der er vigtig for os, for eksempel kærlighed. Når du er opmærksom på, hvilke følelser der er gode for dig, ved du også, hvad du kan sætte i stedet for, når du føler noget, du ikke har lyst til – for eksempel jalousi.

Hvis du er ubevidst om dine værdier, som mange af os er, og om prioriteringen af dine værdier, kan du ikke handle i overensstemmelse med dem. Derfor er du nødt til først at blive klar over, hvad dine værdier er.

✎ ØVELSE

Denne øvelse er effektiv til at kortlægge dine værdier. Start med at spørge dig selv:

Hvilke følelser/værdier er vigtige for mig?

List ti værdier, du synes er vigtige. Dernæst udvælger du de allervigtigste 3-5 værdier alt efter, hvor mange du mener, du kan huske på, når dagligdagen sætter ind. Dem skriver du ned på hver sin lille seddel. Nu lægger du værdierne i prioriteret rækkefølge, så din allervigtigste værdi ligger øverst. Måske er du nødt til at rykke rundt på værdierne nogle gange, før du synes, du har den rette rækkefølge.

Eksempler på værdier kunne være:

Kærlighed	Sundhed	Mod	Passion
Retfærdighed	Lidenskab	Styrke	Frihed
Anerkendelse	Tryghed	Frihed	Sikkerhed

Hvis du synes, det er svært at vælge mellem to værdier, for eksempel kærlighed og tryghed, kan du spørge dig selv, hvordan dit liv ville være uden kærlighed, men med tryghed. Og omvendt: Hvordan ville dit liv være med kærlighed, men uden tryghed. Herefter kan du afgøre, hvilken af de to der betyder mest for dig.

Nu skriver du de værdier, du har fundet frem til, ned på et stykke papir i den prioriterede rækkefølge. Måske synes du, at nogle af værdierne minder om hinanden – i så fald kan du slå dem sammen. Det er ikke væsentligt, om du har tre eller fem. Det vigtige er, at du kan huske på og mærke dine værdier for at undgå, at dit liv styrer dig, i stedet for at du styrer dit liv.

Jeg har skrevet mine værdier ned i en lille notesbog, som jeg altid har med mig, så jeg husker at handle i overensstemmelse med dem, når jeg bliver fanget af hverdagens travlhed og gøremål og ikke lige har et mentalt overskudslager ved hånden.

KONSEKVENSER

Når du kigger på din liste med værdier, vil du se, at den har nogle konsekvenser. Hvis du eksempelvis har prioriteret frihed, sikkerhed eller retfærdighed højt, har det ofte også en negativ konsekvens.

Når vi prioriterer frihed højt, kan det være på bekostning af kærlighed. Vi vil hellere føle os frie end binde os til et andet menneske og dermed risikere at blive såret. Hvis vi prioriterer sikkerhed højt, betyder det nogle gange, at vi ikke handler i overensstemmelse med vores inderste ønsker, fordi vi foretrækker det, vi kender og føler os trygge ved. Værdien retfærdighed er heller ikke helt ligetil, for det er meget individuelt, hvad retfærdighed er, og ofte er det uden for vores kontrol at skabe retfærdighed.

Er det retfærdigt, at ekstrabarnets mor generer barnets far eller besværliggør samværet? Nej, det er ikke retfærdigt. Men det er ikke umiddelbart inden for vores kontrol at ændre det. Til gengæld kan vi ændre på, hvad vi tænker om og føler i situationen.

Hvis du prioriterer kærlighed, sundhed og omsorg højt, har det ofte positive konsekvenser, fordi du sandsynligvis har kærlige relationer og tager vare på dig selv, og det bringer dig glæde. Når vi selv er fyldt op af energi og overskud og er kærlige over for os selv, har vi ganske enkelt lettere ved at håndtere modstand og kontraster.

Alle mennesker er frie til at prioritere deres værdier, som de har lyst til, men det er svært – for ikke at sige umuligt – at prioritere og leve efter dem, hvis vi ikke ved, hvilke værdier vi har.

Har du lyst til at ændre på din nuværende rækkefølge, kan du gøre det – men kun når du er bevidst om det. Måske er det på et tidspunkt vigtigere for dig at føle kærlighed (også til dig selv) end retfærdighed.

VÆRDIKONFLIKTER

Når der opstår værdikonflikter, og det gør der for os alle, er det ofte svært at træffe beslutninger, fordi vi ikke kan overskue de konsekvenser, det har. Når vi ikke kan overskue konsekvenserne, bliver vi ofte handlingslammede. Vi vil ikke træffe en beslutning, når vi ikke kender konsekvenserne, ganske enkelt fordi det er svært for os at acceptere noget følelsesmæssigt ukendt.

ØVELSE

En måde, du kan blive bevidst om det på, er ved at stille dig selv følgende spørgsmål:

Hvilke værdier *må* have topprioritet, for at jeg kan blive den, jeg gerne vil være?

_____

_____

>>

Hvilke værdier er jeg nødt til at skille mig af med?

_____

_____

Hvilke værdier vil jeg tilføje?

_____

_____

MENNESKELIGE BEHOV

Vores værdier udspringer af vores følelsesmæssige behov. Nogle af de vigtigste behov, vi mennesker har, er:

- Anerkendelse/opmærksomhed
- Samhørighed/kærlighed
- Tryghed/sikkerhed
- Forandring/udfordring/variation
- Udvikling
- Bidrage/at gøre en forskel

Når vi forsøger at opfylde disse seks menneskelige behov udefra og igennem andre, vil det føles tomt. Vi kan få nok så meget anerkendelse udefra, men hvis vi ikke anerkender os selv og vores indsats, vil vi fortsat jagte andres anerkendelse.

Som mennesker fokuserer vi ofte på tryghed/sikkerhed, og det kan have store konsekvenser, blandt andet fordi vi tilpasser os uholdbare situationer for ikke at skille os ud. Vi ved, hvad vi har, men ikke hvad vi får. Nogle gange forhindrer trygheden os i at udtrykke, hvem vi er ved for eksempel at sætte en grænse, sige fra eller måske sige til.

De værdier, vi navigerer efter som voksne, er ofte levn fra vores barndom. Dengang vi var børn, fungerede vores værdier måske særdeles godt for os, men det er ikke ensbetydende med, at det er de samme værdier, vi har som voksne. Ofte er det vores forældres værdisæt, vi har taget med os helt uden at spørge os selv, om det fungerer for os i forhold til det liv, vi gerne vil leve. Derfor er det nyttigt at kigge værdierne efter i sømmene og justere dem, så de afspejler os og den måde, vi ser verden på nu.

FAMILIEVÆRDIER

Hjemme hos mig har vi defineret nogle familieværdier, som alle fra det mindste barn på 7 år til den ældste på 20 år ved, hvad betyder. Desuden har vi defineret, hvordan vi voksne gerne vil have, at det skinner igennem i vores gøremål, tanker, reaktioner og relationer.

Det betyder, at jeg som ekstramor må have fokus på, hvordan jeg kan efterleve de værdier – også eller rettere især – når jeg ikke har lyst til det over for mine ekstrabørn.

Vores familieværdier er:
KÆRLIGHED – TRYGHED – RESPEKT

Vi har valgt blot at operere med tre værdier, så de yngste børn også har en chance for at huske dem og forholde sig til dem. Det er ikke antallet af værdier, der er afgørende. Det vigtigste er selve værdierne. De er skrevet smukt på et stykke papir og hængt op, så de er synlige, hver gang vi sidder ved spisebordet. Kærlighed, tryghed og respekt. For og til det enkelte menneske og til vores familie.

Det er ikke ensbetydende med, at vi kan overholde det hele tiden og hver dag, men det er de værdier, vi gerne vil have gennemsyrer vores måde at være familie på. Vi udtrykker det alle seks på hver vores måde, og det er perfekt. Og nogle gange er det nemmere end andre gange. Men det er nemt at huske på, at vi har de værdier.

 **ØVELSE**

Sådan kan I afklare familieværdier

Afsæt et tidspunkt – gerne en eftermiddag i weekenden, hvor alle er friske – til et 'børneråd' og fortæl, hvad der skal ske og hvorfor.

ET EKSEMPEL:

I morgen eftermiddag kl. 14 vil vi holde et familiemøde, fordi vi gerne vil høre, hvad der er vigtigt for jer hver især, for at I synes, at I har en god familie. Derfor mødes vi ved spisebordet til te og saftevand. Alle får taletid og mulighed for at sige det, de har lyst til, så det er unødvendigt at afbryde, når andre taler. Det tager cirka en time, og bagefter må I gerne se tv, spille computer og lege.

Spørg børnene på skift om, hvad de synes, der er de tre bedste ting/følelser ved netop jeres familie, og skriv deres svar ned. Hvis svarene udelukkende går på fysiske ting, for eksempel at vi bor i et stort hus, så spørg ind til, hvad de føler ved at bo i et stort hus. Spørg, til I når frem til følelsen.

Er børnene meget små, kan det være nødvendigt at komme med nogle forslag, men så vidt muligt skal de selv komme med svaret. Og sig gerne, at det er helt i orden, hvis de har brug for et øjeblik til at tænke over det.

Spørg også, hvad der er de tre værste ting, og hvad en løsning på det kunne være. Skriv begge svar ned. Uanset om den løsning, de foreslår, er fuldstændig urealistisk, så sig tak og skriv det ned. Måske er der alligevel noget brugbart ved det, når I som voksne får talt det igennem senere.

Til sidst spørger I alle børn på skift, hvilke følelser de bedst kan lide at have. Hvis de ikke ved, hvordan de skal svare på spørgsmålet, så giv dem nogle valgmuligheder: *Jeg kunne forestille mig, at det måske kunne være: glæde, kærlighed eller tryghed? Eller noget helt andet? For mig er det eksempelvis kærlighed.* Understreg, at I ikke behøver være enige, og at der ikke er nogen rigtige eller forkerte svar. Og tilpas naturligvis ordvalget til aldersgruppen.

>>

Afslut gerne med at sige tak for input og skål i et glas vand, saftevand, sodavand, mælk, eller hvad der passer til jeres familie.

Herefter er det op til jer voksne at gennemgå papirerne og se, hvad der er af fællestræk. Vælg de tre vigtigste ud (meget mere kan vi ikke forvente, at børnene kan huske og forholde sig til), og præsenter dem, næste gang alle er samlet:

Kan I huske, da vi holdt familiemøde i sidste weekend? Der var tre følelser, der gik igen og var vigtige for alle. Dem har vi skrevet ned, og det er x, y og z. Vi hænger dem på køleskabet, så vi kan se dem hver dag og minde os selv om, at det er sådan, vi gerne vil have det i vores familie.

DET FÅR JEG ALDRIG MIN MAND TIL ...

Synes din partner, at det med værdier er overflødigt, så accepter, at det er hans holdning, men lad det ikke afholde dig fra at have styr på dine egne værdier. Vi kan ikke tvinge ting ned over hovedet på andre, men vi kan inspirere ved selv at efterleve og udleve vores værdier.

Når vi står helt fast på det, der er vigtigt for os, udstråler vi ofte en helt anden power og energi, som inspirerer folk til at spørge: *Det dér, du har, det vil jeg også gerne have noget af. Hvordan får jeg det?*

De færreste ønsker noget presset ned over hovedet, men de fleste vil gerne inspireres.

'EVERYTHING THAT IRRITATES US ABOUT OTHERS, CAN LEAD US TO AN UNDERSTANDING OF OURSELVES'.

Carl Gustav Jung

KAPITEL 3
EKSTRABARNETS MOR
– MANDENS (H)EKS

I FØLELSERNES VOLD

I mit univers er der kun en far og en mor, uanset om du lever i en traditionel kernefamilie eller i en sammensat familie. Der er den far og den mor, der har fået barnet. At barnets forældre så ikke længere bor sammen, men har stiftet en ny familie, ændrer ikke ved det faktum, at barnet har en far og en mor. Grunden til, at jeg har valgt at kalde min rolle for ekstramor i stedet for eksempelvis fars kæreste, er som nævnt i bogens indledning, at jeg ser mig selv og alle andre i samme situation som noget, ekstrabarnet har til rådighed, når det er sammen med sin far.

Jeg har ingen forhåbninger eller ambitioner om at overtage mine ekstrabørns mødres roller. Derimod vil jeg gerne stille mig til rådighed, hvis jeg kan sige det sådan, for børnene, når de er sammen med deres far eller i øvrigt har brug for det.

Ikke desto mindre er jeg blevet meget overrasket over at høre nogle af de fortællinger og oplevelser med ekstrabarnets mor, som andre ekstramødre har delt med mig i al fortrolighed. For at sige det ligeud er der nogle kvinder, der åbenbart ser det som deres vigtigste opgave at gøre livet surt for deres eksmand. Det er, hvad det er. Jeg er sikker på, at han ikke synes, det er rart. Men det værste er, at deres fælles barn betaler en uhyggelig høj pris, når mor bekriger far eller omvendt. Og det er ingen tjent med.

Jeg kan sagtens forestille mig, at det ikke er nemt at se sin eksmand sammen med en ny partner, som han måske oven i købet er rigtig glad for – og ens barn måske også er rigtig glad for. Men derfra og så til bevidst at forpeste tilværelsen for sin eksmand, som jo i øvrigt stadig er barnets far, og dennes nye kærlighed, er der nu alligevel et stykke vej. Ikke desto mindre er det, hvad nogle kvinder gør.

Årsagerne kan være mange. Formentlig er kvinderne i deres følelsers vold, og jalousi, vrede eller måske angst tager over og erstatter sund fornuft og almindelig voksen opførsel, især hvis der er gået en grim skilsmisse eller måske utroskab forud for det hele. Kærlighed og følelser er komplicerede størrelser, og der er ikke nødvendigvis langt fra kærlighed til had.

Hvordan kan vi, ekstramødre, som ofte må se til fra sidelinjen, bedst håndtere dette? Jeg ligger desværre ikke inde med et universelt svar, der kan bruges af alle. Men jeg ligger inde med et bud, der har virket for mig, og det vil jeg meget gerne dele med dig. Kopier lige så tosset du vil, brug det du kan, byg videre på det og smid resten væk. Gør det, der virker bedst for dig.

Mine ekstrabørn har to forskellige mødre, både af sind og skind. Af sind minder jeg om den ene af dem – eftersom vi er ens på mange punkter, er det ubesværet for mig at relatere til hende – måske fordi vi begge to ser tingene fra nogenlunde samme vinkel.

Den anden mor og jeg er mere forskellige og ser derfor også forskelligt på tingene, eksempelvis på opdragelse og ansvar. Min oplevelse er, at hendes udgangspunkt er anderledes end mit eget, og jeg har derfor ikke lige så let ved naturligt at relatere til hende. Her er jeg nødt til at anstrenge mig mere for at forstå hende, hendes tankegang og bevæggrunde.

Den ene mor er ikke mere rigtig end den anden, vil jeg skynde mig at sige, og mon ikke de begge ønsker det bedste for hver deres barn? De er blot forskellige, og det er deres børn også. Det er klart, at de, altså børnene, bærer præg af den måde, deres mødre anskuer verden på. Mine ekstrabørn er i den heldige situation, vil nogle mene, at de er enebørn hjemme hos deres mødre, mens de, når de er sammen med deres far og mig, har tre søstre om ørerne.

(H)EKSEN, EKSTRABARNETS MOR

Måske husker du, at jeg i kapitel 1 anbefalede at holde problem og person adskilt? På samme måde vil jeg anbefale, at du mentalt holder ekstrabarnet og dets mor adskilt i dit hoved. Jeg er klar over, at det kan være svært, især når vi føler os uretfærdigt behandlet af ekstrabarnets mor. Men for ekstrabarnets og ikke mindst din egen skyld virker det bedst, hvis du ser ekstrabarnet, som det er, i stedet for at se moderen afspejlet i barnet.

Et barn er præget af sin opvækst, og det er en af de udfordringer, vi står over for, når vi som ekstramor låner en anden kvindes barn hver anden uge eller weekend og i ferierne.

Og jo, det kan da være en kæmpe udfordring! Der er dage, hvor jeg sidder tilbage med følelsen af at være blevet verdensmester i kamelslugning. På de dage har jeg lyst til at bebrejde alle andre, især ekstrabarnets mor. Det kan jeg for så vidt også gøre, det står mig frit for. Det gjorde jeg også en del i starten. Ikke at jeg sagde noget til hende, men i mine tanker gjorde jeg hende ansvarlig for min sindstilstand. Og jeg var ikke sen til at påpege over for min mand, hvordan alting ville være nemmere, hvis bare hun, ekstrabarnets mor, ville ændre sig.

Med årene har jeg gjort en erfaring, som vakte lige dele jubel og sorg, da essensen virkelig gik op for mig. Det er såre simpelt, og det kommer her:

Det er op til mig og kun mig at skabe det liv, jeg drømmer om.

Kæmpe optur. Det er jo skønt at vide, at jeg er min egen lykkes smed! Slut med at vente på, at alle andre forandrer sig, lykken er inden i mig. Hvorefter jeg nærmest fik en mindre nedtur, fordi det også gik op for mig, at det så også var slut med at bebrejde og klandre andre for min utilfredshed med livet i den sammensatte familie.

♥ FIF

Jeg har tre spørgsmål, som jeg stiller mig selv, når jeg i dag løber ind i situationer, hvor jeg har lyst til at give andre skylden. Eller sagt på en anden måde: Når jeg ikke vil tage ansvar for min egen utilfredshed.

1. Virker det, at jeg bebrejder X?
2. Får jeg det helt konkret bedre af det?
3. Hvad vil jeg gøre i stedet for?

DET VI SIGER, ER VI SELV

Som ekstramor mener jeg, at vi i forhold til barnet er nødt til at acceptere, at vi er 'nummer to' efter barnets mor. Det er ikke nødvendigvis nemt, det kan gøre ondt, og vi kan blive kede af det, fordi vi føler os afvist. Alt sammen helt naturlige følelser, men følelser, der ofte er uønskede, og som vi derfor prøver at fortrænge eller beskylde andre for at fremkalde hos os.

Jeg vil introducere dig for et rigtig godt værktøj, som du kan bruge, når du skal arbejde med 'uønskede' følelser: skyggearbejde. Det kan hjælpe dig til at blive bedre til at håndtere de sider hos ekstrabarnets mor, som du synes er udfordrende og svære at rumme.

Grunden til, at jeg synes, det er et fænomenalt værktøj, er, at du kan bruge de udfordringer, du føler, at du har med ekstrabarnets mor, som en katalysator for personlig vækst og udvikling. I stedet for bare at lade ekstrabarnets mor være et irritationsmoment, kan du vende det til din egen fordel og lære dig selv endnu bedre at kende. Også selv om du aldrig møder hende i fysisk forstand.

SKYGGEN

Det var Carl Gustav Jung (schweizisk psykiater, 1875-1961), der introducerede skyggebegrebet. Kort fortalt går det ud på, at vi som mennesker placerer de 'gode' eller 'dårlige' egenskaber i os selv, som vi ikke vil eller kan være ved, i skyggen af vores bevidsthed. Fordi vi ikke kan se de egenskaber, kaldes de vores *skygger*. Når vi ikke selv kan eller vil se de egenskaber, er vi nødt til at have andre mennesker til at spejle dem for os, for at vi kan se dem. Vi ser dem altså ikke i os selv, men i andre.

Jung talte om lyse skygger, det vil sige de egenskaber, vi typisk vil klassificere som positive, og de mørke skygger, de egenskaber, vi typisk vil sige er negative. For mig er det de mørke skygger, der er interessante at kigge på i denne sammenhæng.

Når vi ikke accepterer vores mørke skygger – for eksempel jalousi, manipulation, egoisme eller en beregnende adfærd – tiltrækker vi mennesker, der kan vise os de sider, for at vi kan komme i kontakt med dem. Så jo mere vi undertrykker eller benægter et specifikt karaktertræk, jo mere vil vi støde på det hos andre. Lige indtil den dag vi bevidst arbejder med det. Du husker sikkert, at jeg indledte med at sige, at når du peger med en finger, peger tre fingre tilbage på dig. Det betyder ikke, at karaktertrækket forsvinder, det skal det heller ikke, men det betyder, at vi blot kan observere i stedet for at reagere.

Rigtig mange kvinder, især mødre og ekstramødre, betragter egoisme som et dårligt karaktertræk og altså derfor som en mørk skygge.

Hvis du vil vide mere om skyggearbejde vil jeg anbefale Debbie Fords bog *Kast lys over skyggen* (2007).

MIN MØRKE SKYGGE

Jeg havde en oplevelse af, at mit ene ekstrabarns mor primært tænkte på sig selv, før hun tænkte på andre. Det oplevede jeg som værende egoistisk og det havde jeg svært ved at håndtere.

Det var derfor en af mine mørke skygger. Jeg vil blive vred, hvis nogen kalder mig for egoistisk, netop fordi jeg ser mig selv om en, der sætter andres behov før mine egne. I det hele taget er 'egoistisk' for mange et negativt ladet ord. Det ville derfor i det her tilfælde være mere korrekt at bruge ordet 'egenomsorg' eller 'positiv egoisme'. Altså det at passe på os selv, før vi passer på andre.

Fordi jeg ikke selv er god til at prioritere egenomsorg højt, synes jeg derfor, at det virker egoistisk, når andre gør det. Derfor reagerer jeg, når jeg ser det i andre, eksempelvis mit ekstrabarns mor – og i mit ekstrabarn for den sags skyld. Og her er det så, at jeg får rig lejlighed til at øve mig i både at holde de to adskilt i mit hoved og samtidig få styr på min mørke skygge, som er manglende egenomsorg.

Hvad er problemet med egenomsorg eller positiv egoisme, tænker du måske? Mit problem var, at jeg er opdraget til at sætte andres behov før mine egne, og det er blevet så integreret en del af mig, at jeg for længst er holdt op med – hvis jeg da nogensinde har gjort det – at sætte spørgsmålstegn ved, om det altid er klogt at sætte andre før mig selv.

Hvor mange gange i min barndom har jeg ikke hørt:

Husk at tænke på andre, før du tænker på dig selv.
Der går ingen skår af dig for at dele/vente.
Vær nu ikke så egoistisk, de andre skal også til/have noget.

Jeg er sikker på, at du forstår pointen, og du har sikkert hørt lignende formaninger, da du var barn. Det at være egoistisk og udvise egenomsorg kom jeg derfor til at forbinde med noget negativt, noget jeg virkelig måtte prøve at undgå. Jeg kunne høre det på mine forældres ord, men også læse det i deres kropssprog og mellem linjerne. Jeg konkluderede derfor, at hvis jeg gerne ville være populær hos mine forældre, var egoisme og egenomsorg ikke en side, jeg skulle vise frem.

Derfor røg egoisme og egenomsorg i skyggen af min bevidsthed og var kun synlige, når andre viste mig dem.

Nu, hvor jeg har arbejdet bevidst med egoisme og egenomsorg, er det en mere integreret del af mig og derfor ikke så voldsom en skygge længere. Men hvis jeg ikke er helt opmærksom, kan jeg stadig godt reagere meget på det, og selv om jeg nu ved, at der også kan være fordele ved at være egoistisk, er jeg ikke fuldstændig pjattet med ordet egoisme.

Til enhver mørk skygge hører der en modsætning, en lys skygge. Det, vi synes er godt og ønskværdigt.

For mig er det modsatte af at være egoistisk at være omsorgsfuld, så det er min lyse skygge. Jeg har også mange andre lyse skygger, men nu, hvor jeg fokuserer på egoisme, er det at være omsorgsfuld min lyse skygge.

Der er ingen følelser, der er rigtige, og der er ingen følelser, der er forkerte. Følelserne er der bare. Når vi er utrygge ved vores egne følelser, kanaliserer vi dem over i andre, og det er ikke så smart, fordi det er vores følelser og derfor vores ansvar. Det allervigtigste er at have det godt følelsesmæssigt, og derfor anbefaler jeg, at du holder følelserne der, hvor du kan gøre noget ved dem, nemlig hos dig selv.

Vi kan bruge vores 'uønskede' følelser til at arbejde med de sider i os selv, der volder os problemer eller skaber udfordringer for os.

✎ ØVELSE

Jeg har en nem skyggeøvelse, som du kan bruge til ret hurtigt at blive klogere på dig selv. Lad os tage mit eksempel med egoisme (mørk skygge) og omsorgsfuld (lys skygge): Hvad er det positive – gaverne – ved at være henholdsvis egoistisk og omsorgsfuld?

Mørk skygge
(Egoistisk)

Gave 1: Har noget at give, når jeg selv er fyldt op.
Gave 2: Står ved mig selv og mine behov.
Gave 3: Passer på mig selv.

Lys skygge
(Omsorgsfuld)

Gave 1: God til at tænke på andre.
Gave 2: Lytter til andres behov/følelser.
Gave 3: Folk kan lide mig.

>>

Hvilke gaver er der ved din mørke og lyse skygge?

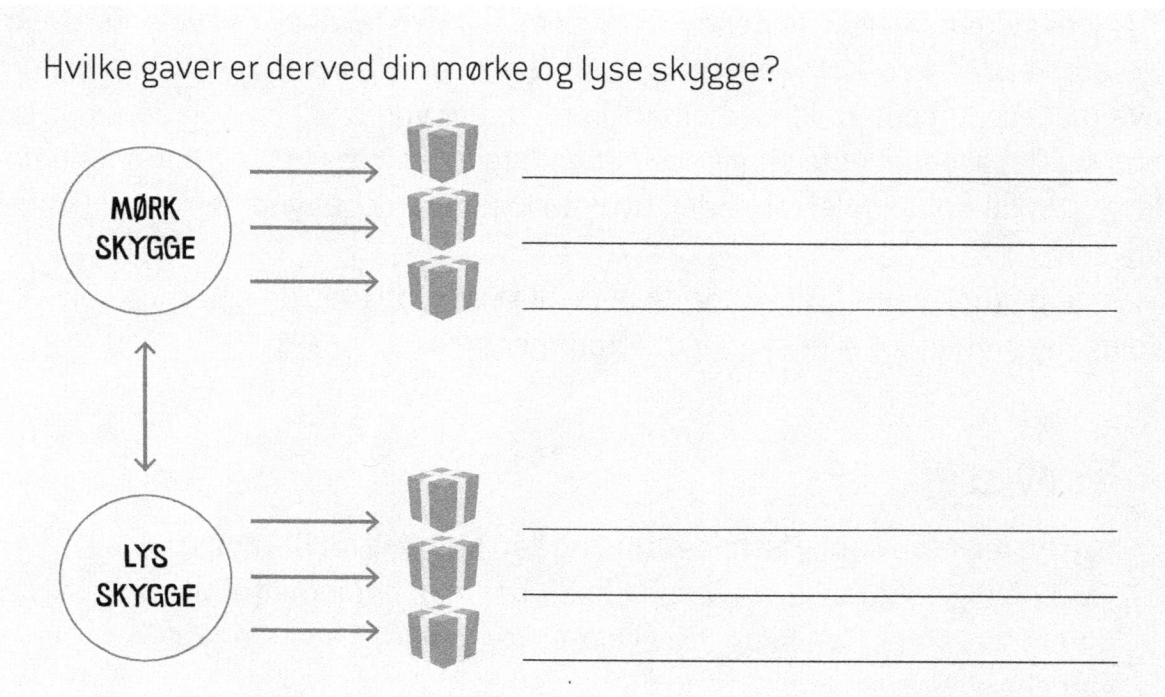

Pointen er – og det er ganske væsentligt – at jeg ikke har adgang til den mørke skygges tre gaver, hvis jeg ikke kan rumme den mørke skygge.

Hvis eller når jeg ikke rummer den mørke skygge, kan jeg heller ikke hente den lyse skygge frem.

Én ting er, at det at være omsorgsfuld er min lyse skygge, men det er ikke altid, at jeg føler, at det er positivt at tænke på alle andre først. Det kan sagtens blive sådan lidt martyragtigt a la: *nu render jeg rundt og servicerer alle, og så tænker I kun på jer selv.* Men hvis jeg også rummer min mørke skygge, hvor det er o.k. at tænke på sig selv først, er det et helt andet udgangspunkt. Så giver jeg det til andre, jeg har lyst til, uden at det bliver på bekostning af mig selv. Jeg giver ikke for at få noget tilbage og slet ikke, fordi nogle stemmer fra min barndom siger, at jeg er nødt til at gøre det. Jeg giver, fordi jeg har lyst. Og det er jo en væsentlig forskel.

✎ ØVELSE

Den lette: Hvilken egenskab hos dit ekstrabarns mor finder du mindst positiv?

_____

_____

Den hårde: Hvornår kommer den egenskab til udtryk hos dig selv?

_____

_____

♥ FIF

Du ved, det er en mørk skygge, når der er tale om en egenskab, du absolut ikke har lyst til at blive identificeret med.

HVORDAN FINDER VI FRED MED (H)EKSEN?

For mig at se er der en effektiv vej til at slutte fred (inde i vores hoved) med ekstrabarnets mor, og det er ved at ændre os selv og vores tanker i stedet for at have fokus på, hvad de kunne/burde/skulle ændre. Det er jo interessant, at hver gang jeg har et problem, er jeg selv til stede. Så det må jo altså have noget med mig at gøre. Trods alt.

Jeg har lagt mærke til, at vi i Danmark har en tendens til at brokke os. Over økonomi, ekstrabarn, mand, vejr, trafik, ekstrabarnets mor, vores arbejde, kollegaerne – ja stort set alt.

Ofte er det så nemt at 'finde 5 fejl' ved andre, men det gør ikke vores liv lettere eller bedre at leve. Derfor synes jeg, at det er nytteløst. Det er langt mere interessant at sætte fokus på, hvad det er ved situationen og/eller det andet menneske, der gør, at jeg reagerer i stedet for bare at registrere eller observere. Og ikke mindst: Hvad er min andel i det?

Vi brokker os og finder fejl i et væk. Også hos os selv. Det er næsten det værste af det hele. Men handler vi også? Brok i sig selv er jo nytteløst og uinteressant, hvis ikke det bliver ledsaget af en form for handling – en tilskyndelse til at forbedre den tilstand, der udløste brokkeriet i første omgang.

Så for at finde og slutte fred med ekstrabarnets mor i vores tanker er vi nødt til at handle. Vi er nødt til at tænke nogle nye tanker, foretage nogle nye handlinger, hvis vi vil have nogle andre resultater end dem, vi leverer lige nu.

Når jeg skriver *brokker os*, så er det ikke ensbetydende med, at vi rent faktisk møder ekstrabarnets mor og brokker os over hende, så hun hører det. Det er en indre dialog i vores hoveder, hvor vi brokker os over hende uden at sige noget til hende. Måske brokker vi os over hende til vores partner, men formentlig ikke til hende selv. Det ville vel egentlig øge vores (små) chancer for, at hun kunne ændre sig, hvis hun fik det af vide. Det er svært at ændre på noget, vi ikke ved, at vi generer andre med, og vi kan ikke ændre ekstrabarnets mor gennem ekstrabarnets far eller andre. Derfor er der ingen grund til at brokke os over hende til ham eller andre.

✎ ØVELSE

På hvilke områder brokker jeg mig i mit hoved over ekstrabarnets mor uden at handle på det?

_____
_____

Hvordan føles det?

_____
_____

På hvilke områder brokker jeg mig i mit hoved over ekstrabarnets mor OG handler på det?

_____
_____

Hvordan føles det?

_____
_____

Brokker jeg mig bare generelt, eller handler jeg også?

_____
_____

NÅR (H)EKSEN SPILLER OP

Der er situationer, hvor ekstrabarnets mor opfører sig måske både urimeligt og uretfærdigt over for dig. Tilsyneladende helt uden grund – og så alligevel ikke.

Hvis vi et øjeblik sætter os i hendes sted, kan vi måske godt forstå, at det kan være svært at se på, at det liv, hun engang levede med sin mand og sit barn, nu på en måde tilhører en anden.

Alt efter hvor afklaret hun var med, at de gik hver til sit – måske var det på grund af dig, at de gik hver til sit, eller noget helt andet – afspejles det i hendes væremåde over for dig. Det er ikke sikkert, at det har noget med dig at gøre som person, men mere det, at hun er ked af, det liv, der kunne have været, ikke blev til noget.

Det er afgørende for jeres relation, hvor selvreflekterende og villig hun er til også at kigge indad.

Jeg har som nævnt to forskellige relationer til mine ekstrabørns mødre, og det har jeg accepteret. Det er ikke det samme, som at jeg er enig, blot har jeg accepteret det. Vi behøver ikke være nye bedste-venner, men jeg synes, for mine ekstrabørns skyld, at det ville være rart, hvis vi alle kan være sammen, når det er påkrævet. Sådan er det desværre ikke helt i begge tilfælde.

Jeg har altid betragtet mig selv som et empatisk menneske og tænker også, at nogle stykker ville sige det samme, hvis jeg foretog en hurtig rundspørge i min omgangskreds. At være empatisk betyder, at jeg evner at forstå og genkende andres følelser. Det vil sige, at empati er min evne til at sætte mig i andres sted. Jeg vil gå et skridt videre og sige, at det at udvise empati er at acceptere et menneske lige præcis dér, hvor det er, uden at ville ændre det.

Hvis jeg bryster mig af at være empatisk, må det gælde hele vejen rundt. Det betyder, at jeg må være sammen med ekstrabørnenes mødre, som de er, uden at ville ændre dem. Det er ikke altid let, kan jeg afsløre. Men jeg øver mig stadig – og det bliver nemmere.

Se empati eller en hvilken som helst anden egenskab, du gerne vil udvikle eller fremhæve, som en muskel, der skal trænes. Jo mere du træner den, jo større bliver den. Jo længere tid der går, mellem at du bruger den, jo flere kræfter er du nødt til at bruge på at komme i gang.

NÅR NEGATIVITET ER DRIVKRAFTEN

Negative følelser skyldes meget ofte magtesløshed over for den situation, vi står i. Uden at vide det med sikkerhed forestiller jeg mig, at de fleste piger vokser op med drømmen om en eller anden form for familie eller i hvert fald en livsledsager. Jeg tænker, at flertallet ikke fantaserer om at blive skilt fra barnets far.

Jeg kan derfor godt forestille mig, at man som mor efter en skilsmisse må sidde tilbage med en følelse af magtesløshed over for situationen og over for barnet og i virkeligheden også over for sig selv. Nogle flytter sig væk fra de negative følelser og magtesløsheden, andre arbejder sig igennem, mens atter andre kanaliserer dem ud på andre mennesker og gør sig selv til ofre for omstændighederne. Som ekstramor har vi ingen indflydelse på, hvordan ekstrabarnets mor reagerer eller har det med skilsmissen, men vi kan fokusere på det positive ved situationen, uanset hvor negativ den ellers må se ud.

DET KÆRLIGE I ALLE HANDLINGER

En lære eller værktøj, der har gjort en utrolig stor forskel for mig og mine relationer er ganske enkelt at se det kærlige i alle de handlinger, andre udfører. Det værktøj er også andre ekstramødre begejstrede for at bruge, når de lærer det at kende.

Du kan derfor spørge dig selv om:

Hvad er det kærlige ved at sige, at jeg ikke må komme med til danseopvisningen?
Hun vil gerne passe på sig selv og har ikke lyst til at se mig.

Hvad er det kærlige ved at ignorere mig og lade som om jeg ikke eksisterer?
Hun bliver måske i tvivl om, hvorvidt hendes datter sætter mig højere, derfor passer hun på sig selv.

Hvad er det kærlige ved ikke at lade mig sidde på familierækken i kirken til konfirmationen?
Måske ser hun ikke mig som en del af barnets familie.

Som du sikkert kan regne ud, er det alt sammen gætterier fra min side. Nu tænker du måske, at det er hende, der har problemet. Det vil jeg ikke afvise. Men det bliver også mit problem, når jeg tager det til mig – og det, synes jeg, er svært at lade være med. Derfor øver jeg mig i at sætte mig i hendes sted ved at udvise empati for at forstå hendes bevæggrunde og for at se det kærlige i hendes handlinger. Alt det, vi mennesker gør, gør vi af en enkelt årsag: at vi tror, vi får det bedre af det.

PROBLEM-POINTE:
Der er en vigtig pointe med problemer. De kan ikke løses ud fra den samme bevidsthed, der har skabt dem. Derfor er jeg nødt til at gribe tingene an på en anden måde. En af de måder kan være at se det kærlige i alle handlinger.

FORHOLDET TIL EKSTRABARNETS MOR

Om dit forhold til ekstrabarnets mor er godt eller ikke er godt, beror ikke så meget på det, du gør, men mere på hvem du er. Du kan sagtens have et godt forhold til hende, selv om hun ikke kan lide dig.

Jeg er helt bevidst om, at det er lettere at have et godt forhold til en, du har en god kemi med, end til en, hvor kemien måske slet ikke er der. Men lad os sige, at hun eksempelvis behandler dig respektløst eller lader, som om du ikke eksisterer. Hjælper det, hvis du opfører dig på samme måde? Nej, vel? Selv om jeg nogle gange ikke bliver mødt med hverken respekt eller accept, har jeg truffet en beslutning om, hvordan jeg gerne vil være. Det gælder i alle situationer og over for alle. Jeg behandler alle pænt og ordentligt, for sådan kan jeg godt selv lide at blive behandlet. At jeg ikke altid bliver det, det er en anden sag.

NÅR EKSTRABARNETS MOR ER FOR VENLIG

Jeg kender til sammensatte familier, hvor ekstrabarnets mor er meget indstillet på, at alle skal ses mest muligt, og det er heller ikke altid lige let at være ekstramor i det scenarie.

Det er svært at opstille endegyldige regler for samværet, men jeg anbefaler, at de to, der bor under samme tag, det vil sige dig og ekstrabarnets far, finder ud af, hvad I har lyst til, og så agerer derfra.

Det kan være særligt aktuelt, hvis barnets forældre begge to har været singler et stykke tid og måske derfor har set en del til hinanden på grund af barnet. En familie er ligesom et puslespil. Hvis og når en af brikkerne ændrer form bare en lille smule, er de andre brikker også nødt til det for at passe ind. Det kan godt tage lidt tid, før alle har indstillet sig på, at det er sådan, det er nu.

FIF
Sig fra, mærk efter, hvad der føles rigtigt for dig, og stå ved det.

EKSTRABARNETS MOR, EKSTRABARNET OG JEG

Jeg ved, at det følgende udsagn vil skille vandene, så inden jeg går i dybden med det, vil jeg lige komme med et par generelle udsagn. Jeg synes, det vigtigste er, at hver familie, altså de der bor under samme tag, aftaler indbyrdes, hvilken rolle ekstramoren kan og vil påtage sig, og derefter kommunikerer det til barnets mor, hvis det føles rigtigt. Jeg har forståelse for, at der er situationer, der er så tilspidsede, at enhver information om ekstramoren gør ondt værre. I sådanne tilfælde kan I nøjes med at aftale det indbyrdes uden at kommunikere noget til ekstrabarnets mor.

For mit vedkommende har det været sådan, at jeg har deltaget i mine ekstrabørns sociale aktiviteter i forbindelse med temauge på skolen, danseopvisning, gymnastikopvisning i det omfang, at det har været o.k. for ekstrabørnenes mødre.

Forældremøder og skole/hjem-samtaler har jeg aldrig deltaget i. Det har egentlig ikke været et bevidst valg, men er faldet naturligt. Tag ikke fejl. Det betyder ikke, at jeg ikke interesserer mig for, hvordan det går mine ekstrabørn i skolen, blot mener jeg, at det er forældrenes ansvar. Jeg vil meget gerne efterfølgende høre om, hvordan det er gået, og om der er noget helt konkret, jeg kan støtte op om og byde ind med.

Jeg ved også, at der er mange familier, hvor både mor/ekstrafar og far/ekstramor deltager og det er helt fint, hvis det fungerer for dem.

I HVERDAGEN

I starten gik jeg meget op i at gøre ting som eksempelvis at sørge for, at mine ekstrabørn kom i bad, fik friseret håret, fik sund mad, frugt og grønsager og så videre, så deres mødre ikke kunne sætte en finger på mig, som kvinde altså. Og det var egentlig anstrengende, fordi jeg så det mere som en kvindelig pligt end som noget, jeg havde lyst til.

Nu har jeg givet totalt slip på den del og overladt det til mine ekstrabørns far. Egentlig synes jeg heller ikke, at det klæder mig at tage ansvaret fra ham. Når jeg går ind og overtager den praktiske styring, indikerer jeg indirekte, at han ikke kan finde ud af det. Og det er skidt for begge parter. Ingen børn har taget skade af at gå en dag med ufriseret hår eller have to forskellige strømper på. De praktiske gøremål giver også faren og børnene mulighed for at være sammen om noget. Nu hvor mine ekstrabørn er store, er det selvfølgelig ikke aktuelt længere – det er andre gøremål såsom lektier og hjælp til større skoleprojekter, der er aktuelle nu.

Bliver jeg spurgt til råds eller bedt om at hjælpe, bidrager jeg hjertens gerne. Tag ikke fejl, det er ikke altid nemt at holde næsen hjemme hos mig selv. Men jeg prøver virkelig.

I starten var det svært for mig at give slip på, hvad mine ekstrabørns mødre tænkte om mig, selv om jeg godt inderst inde vidste, at jeg ikke kunne ændre på deres tanker. Og hvem siger egentlig, at det gjorde nogen forskel på, hvad de tænkte om mig, hvis jeg havde husket på, at deres barn skulle friseres? Når vi har travlt med at gå mere op i, hvad andre måtte tænke om os, end hvad vi selv tænker, får vi aldrig et liv, der er vores eget.

Derfor gør jeg det så godt, jeg kan. Jeg bidrager med det, jeg har lyst til, resten lader jeg ligge. Hvis der er noget, der undrer eller forarger mine ekstrabørns mødre, håber jeg, at de vil sige det til mig. Før de gør det, kan jeg ikke ændre det.

Sidder du lige nu med den dér tanke: *Jamen, du kender ikke mit ekstrabarns mor – hun er virkelig lumsk. Så det er meget godt med alle disse gode råd, men du ved ikke, hvordan min situation er. Mit ekstrabarns mor er…*

Nej, det er rigtigt, det ved jeg ikke.

Men hvor længe vil du lade hende residere i din hjerne, dit hjerte, din krop, din sjæl, før du begynder at håndtere det på en anden måde? Når den måde, du bruger nu, ikke virker for dig?

Du behøver ikke svare højt. Det er helt fint, hvis du bare tænker over svaret.

FORTÆL DEN HISTORIE TIL DIG SELV OM DIT EKSTRABARNS MOR, SOM DU GERNE VIL HØRE

Som ekstramor til en anden kvindes barn er det jo sådan, at vi via vores ekstrabarn må leve med en anden kvindes værdier. Det kan være en stor udfordring, især hvis og når de adskiller sig markant fra vores egne værdier. Men eftersom ingen har patent på sandheden, kan deres værdier jo være lige så sande som vores. Og det er de også. Deres værdier er sande for dem, vores værdier er sande for os.

Fordi det er mest konstruktivt at fokusere på det, vi vil have mere af, anbefaler jeg, at du fokuserer på, hvilket forhold du kunne tænke dig at have til ekstrabarnets mor, og så begynder at skabe det forhold. Al forandring starter med os selv, så hvad kan du gøre for at skabe det forhold?

✎ ØVELSE

Hvilket forhold vil jeg gerne have til mit ekstrabarns mor?

Hvad er tre helt konkrete skridt, jeg vil tage, for at komme tættere på det forhold?

1) _____

2) _____

3) _____

Endelig vil jeg sige: Vi kan ikke være elsket af alle. Så lad være med at prøve på at opnå det. Så længe din partner elsker dig, og dit ekstrabarn accepterer og respekterer dig, så slut fred med, at ekstrabarnets mor ikke kan lide dig, hvis det er sådan, det er.

♥ FIF I

Når du synes, det hele er for meget, og ekstrabarnets mor opfører sig på en måde, som du finder helt urimelig, så mind dig selv om, at dit liv er en leg, hvor du leger med forskellige sider af dig selv. Legen går ud på at bringe flest mulige sider af dig selv i spil. Med andre ord at være fleksibel og nysgerrig i stedet for dømmende.

Tænk på et strå. Det strå, der står rankt op og ned, knækker, når det blæser vildt. Det strå, der blæser med (ikke mod) vinden, står stærkere bagefter.

Vær det strå, leg, udfordr dig selv og se det som din helt store chance for at lære dig selv meget bedre at kende.

>>

En krise er altid er mulighed for vækst. Det er også muligt bare at have en krise. Men hvorfor ikke benytte krisen til at vokse som menneske. Det bedste, du kan gøre for dig selv, er at have det godt og være glad.

♥ FIF 2
Giv ikke din power og glæde væk. Hold den hjemme hos dig selv.

♥ FIF 3
Den, der har reaktionen, har problemet.

♥ FIF 4
Accepter det, der er, mens du rækker ud efter det, du gerne vil have.

Personligt er jeg meget varsom med at give råd, medmindre jeg bliver spurgt. Men eftersom jeg har lovet, at denne bog netop vil indeholde råd, slår jeg mig derfor løs og kommer med et af mine allerbedste og mest effektive råd. Det er enkelt og nemt at praktisere. Det kan også være besværligt og næsten umuligt at realisere. Valget er dit – du bestemmer, hvilke briller du kigger igennem.

Her kommer rådet:
Når du sidder og får ideer til, hvordan ekstrabarnets mor kunne ændre lidt på sin personlighed, for eksempel ved at være mindre manipulerende, mere imødekommende eller mere afslappet, så anbefaler jeg, at du skriver dit råd ned og selv efterlever det.

'VI FÅR ALTID, HVAD VI FORVENTER – IKKE NØDVENDIGVIS HVAD VI FORTJENER'.

John Evan-Jones

KAPITEL 4
HØJTIDER OG FERIER

FORVENTNINGER

Højtider og ferier er oftest forbundet med store forventninger fra alle parter. Nu vil vi indhente alt det, vi ikke når til hverdag, og det helst med et snuptag. Allerede der skrider realismen en smule. Det er ikke sandsynligt, at vi kan indhente alt det, vi gerne vil, i løbet af en enkelt højtid som for eksempel julen, der for øvrigt trækker et spor af andre arrangementer efter sig. Ej heller er det smart at forvente, at alt kan indhentes i sommerferien. Det er at gøre sig selv en bjørnetjeneste at piske forventningerne op på forhånd.

På mange måder er forventninger en interessant størrelse. Der er ikke noget så skønt som at få indfriet sine forventninger og lade glæden omslutte krop og sind – hvilken herlig følelse.

Omvendt er der heller ikke noget så frustrerende som uindfriede forventninger. Smagen af skuffelse er grim – uanset om skuffelsen er mini, mellem eller mega.

For mig personligt tager det tid hver gang at ryste skuffelsen over 'forfejlede' forventninger af mig. Derfor har jeg et stort fokus på mine forventninger og på at afstemme dem med de mennesker, der en del af dem.

Jeg har hørt flere gange fra flere forskellige steder, at vi altid får, hvad vi forventer. Det er jeg ikke uenig i, men det er ikke nødvendigvis ensbetydende med, at det er det, vi fortjener.

Kender du det, at du vågner op, og allerede inden du er ude af sengen, har du flere gange tænkt: *Uf, det bliver en lang/dårlig/anstrengende dag?*

Nærmest inden dagen rigtig er kommet i gang, er den både lang, dårlig og anstrengende. Og værsgo – forventningerne er hermed indfriet. Det var ikke det, vi ønskede os, men det var det, vi forventede og havde vores fokus på. Vi fik altså, hvad vi forventede.

Vi kan selvfølgelig også have positive forventninger, der bliver indfriet. Dem synes jeg ærlig talt, at vi har en tendens til at danse henover.

Hvor tit stopper vi for eksempel op for at fejre, at nogle af de forventninger, vi gerne ville have til at gå i opfyldelse, rent faktisk er gået i opfyldelse? Ikke alt for tit, er mit gæt. Ikke nær så tit som du – og jeg – tramper rundt i vores skuffelser.

Jeg er sikker på, at alle familier oplever 'forventningskriser'. Men særligt sammensatte familier har en del forventninger at forholde sig til. Derfor synes jeg, at det er helt naturligt at afstemme forventninger generelt. Men især i forbindelse med højtider og ferier.

FERIER

I starten af mit 'ekstramoderskab' havde jeg det næsten helt anspændt med planlægningen af ferierne. Jeg var vant til at holde ferie, nogenlunde når jeg havde lyst, og for øvrigt rejse, hvorhen jeg ville – og det var stort set altid en destination uden for Danmark og ikke en charterdestination med en masse børn, vel at mærke.

Og hånden på hjertet, så syntes jeg også, at det var svært sådan pludselig i min ferie at ryge ned ad prioritetslisten hos mit livs udkårne. Det var jo ellers dér, der virkelig kunne være tid til at pleje hinanden og tosomheden. Omvendt kunne jeg jo også have vendt det til et frirum. Min mand, mine ekstrabørns far, vil i sagens natur gerne være mest muligt sammen med børnene i ferien – det frigiver jo noget tid til mig, hvis jeg vælger at se sådan på det. En tid, jeg kunne vælge at bruge på at gøre noget godt for mig selv, noget, der gør mig glad og vækker en følelse af, at jeg opprioriterer mig selv i stedet for at føle mig som tilskuer til mit eget liv.

Med to ekstrabørn, der har to forskellige mødre, og en mand med et relativt ufleksibelt job sad jeg med oplevelsen af, at det var alle andre end mig selv, der planlagde, hvornår jeg kunne holde sommerferie. Først spørge den ene mor: *Hvornår holder du sommerferie, og hvornår kan vi forvente, at barnet holder ferie med os?* Så spørge den anden mor om det samme. Så spørge på arbejdspladsen, hvor min mands kollegaer alle havde børn i skolealderen, og det derfor var et helt puslespil at få til at falde på plads. Hele det cirkus startede jo allerede i januar måned – nærmest inden det sidste julehjerte var pillet ned.

Alt imens jeg selv blot nogenlunde kunne nøjes med at meddele min chef: *Jeg holder ferie i uge x, y og z, medmindre du har nogle indvendinger?* Det havde han aldrig.

Når jeg ser tilbage, kan jeg se, at jeg brugte uforholdsmæssig meget tid og især energi på at lade mig irritere og frustrere over sommerferien. Hvorfor var det så vigtigt, om det var i den ene uge eller den anden uge?

Hvis jeg skal være helt ærlig, så tror jeg faktisk, at det er, fordi jeg er vild med kontrol. Retten til at kontrollere, hvad der sker, hvornår det sker, og nærmest også hvorfor det sker. Der er jo flere ting i livet, vi ikke kan kontrollere. Men for mig var – og er til dels stadig – kontrollen en slags tryghed. En følgesvend. I det her tilfælde var det uden for min kontrol, hvornår jeg kom til at holde sommerferie. Og det brød jeg mig ikke om. Så enkelt kan det siges.

Jeg er næsten helt flov over at skrive det, men i forbindelse med sommerferieplanerne spillede jeg offerrollen, fordi jeg ikke engang kunne bestemme, hvornår jeg ville holde sommerferie, hvis jeg ville holde ferie sammen med min mand og hans børn, mine ekstrabørn. Der var ingen, der ville have forhindret mig, hvis jeg havde sagt: *Jeg har ikke lyst til at holde ferie i den uge, så jeg holder i en anden uge i stedet for.* Men den tanke strejfede mig end ikke. Formentlig fordi det ikke er så festligt at holde ferie alene, når jeg nu havde valgt at være i et parforhold.

Jeg kunne have valgt en helt anden tilgang. For eksempel noget i stil med: *Gad vide, hvornår jeg skal holde sommerferie i år? Det bliver spændende at se.* Det gode var, at jeg ikke selv behøvede at tage stilling til det – men bare kunne vente på, at min mand meddelte mig, hvornår ferien faldt det år.

En anden ting, vi kan vælge at huske på, er, at intet er for evigt. Det er ikke resten af dit liv, at din sommerferie afhænger af andre menneskers ferieplaner. Ekstrabarnet bliver voksen på et tidspunkt, og så er I frie som par til at planlægge, som det lyster jer. Og hvis det virkelig er et must for os selv at bestemme, hvornår vi holder sommerferie, kan vi jo planlægge vores ferieuger og så se, om vi er heldige, at de falder sammen med vores mands. Eller vi kan holde den ene uge sammen med mand og ekstrabarn og de andre uger, når det passer os. I virkeligheden er der mange muligheder, når først vi får øjnene op for det.

? SELVREFLEKSION

Hvor tilfreds er jeg med selve planlægningen af vores ferie på en skala fra 1 til 10 (hvor 10 er bedst)?
(Hvis du er tilfreds til et 10-tal, behøver du naturligvis ikke svare på de andre spørgsmål).

Hvad kan jeg selv gøre for at forbedre det?
_____
_____

Hvad er uden for min kontrol, og som jeg med fordel kan acceptere, som det er?
_____
_____

Hvor tilfreds er jeg med selve ferien (den seneste ferie)?
_____
_____

Hvad kan jeg selv gøre næste gang for at få en endnu bedre ferie?
_____
_____

>>

Hvilke tre helt konkrete ændringer ved mig selv vil jeg foretage til næste ferie?

_____

_____

HVILKEN FERIE SKAL VI PÅ?

Sørg for, at ferietypen passer til jer som familie. Tag gerne ekstrabarnet med på råd og spørg, hvad der er en god ferie. Skab nogle positive rammer, allerede inden I tager af sted. Børn er meget forskellige, og det er vidt forskellige ting, der tiltaler dem. Hvis I sørger for at tilgodese alles behov, er risikoen for konflikter mindre, når ekstrabarnet ved, at vi har planlagt at gøre lige præcis det, som det gerne vil, en af de andre dage i ferien. Eller del jer eventuelt op, så nogle laver noget og andre noget andet, således at alle laver noget alderssvarende. En god idé kan være at 'mødes' ved middagsbordet og på skift fortælle om dagens oplevelser.

FERIE UDEN EKSTRABARNET

Er det o.k. at holde ferie med vores fælles børn men uden ekstrabarnet? er der nogle, der spørger. Ja, det mener jeg, at det er. Lige såvel som ekstrabarnet også holder ferie med sin mor, kan det tænkes, at dets far, ekstramor og fælles børn holder ferie på et tidspunkt, hvor ekstrabarnet er hos moren. Eksempelvis i efterårs- eller vinterferien. Mine ekstrabørn er hos os hvert andet år i efterårs- og vinterferien, men det betyder ikke, at vi ikke kan finde på at tage et sted hen de år, de ikke er hos os.

♥ FIF

En af måderne, hvorpå vi kan sikre, at det bliver en god ferie, er, at de voksne forinden har afstemt forventninger til selve ferien. Det gælder dels på det praktiske plan:
- Hvem gør hvad i forhold til indkøb, opvask, strandtur, skovtur og så videre?

Men også på det mentale plan:
- Hvor meget forventer barnets far og ekstrabarnet, at du er sammen med dem?
- Hvad er dine egne forventninger?
- Er det o.k. at deltage i nogle af aktiviteterne og trække sig fra andre?
- Er det o.k. at bede om alenetid?

Selvom det er ømtålelige emner at tage op, er det bedre at afklare disse inden ferien end at lade konflikterne bryde ud i lys lue i selve ferien.

JULEN

Der er ikke noget som højtider, der kan få os helt op på dupperne, og det gælder ikke kun for sammensatte familier. Julen er forventningernes højborg, og det er lidt, som om hele årets dårlige samvittighed ønskes opgjort og slettet omkring denne højtid.

Personligt har jeg truffet et valg om at fokusere på løsningen i stedet for at fare vild i problemet. Det er ikke altid let, men min erfaring har vist mig, at det både på den korte og den lange bane er den mest konstruktive strategi. Ofte er vi overfokuserede på at placere skyld i stedet for at kigge efter løsninger.

Hvad er så det rigtige at gøre, når børn har to hjem?

Som udgangspunkt mener jeg ikke, at der er noget, der er rigtigt eller forkert, men der er afgjort noget, der er mere hensigtsmæssigt end andet. Hos os har vi valgt en måde, der fungerer for os, og den er du velkommen til at lade dig inspirere af.

Vi holder én 'rigtig' juleaften, nemlig den 24. december. De ekstrabørn, der kan være med til at fejre det den dag, er meget velkomne. Og efterhånden som ekstrabørnene er blevet større, er det blevet mere fleksibelt, og vi har fejret jul sammen nogle gange. Det gjorde vi ikke, da de var yngre.

For de ekstrabørn, der ikke er hos os den 24. december, har vi valgt to alternative løsninger alt efter, hvilke dage i forbindelse med julen de er hos os.

LØSNING 1: HYGGE DEN 23. DECEMBER

Denne dag forløber nogenlunde som en fridag. Vi hygger os med diverse gøremål i løbet af dagen. Sidst på eftermiddagen lægger vi gaverne til det/de barn/børn, der ikke er hos os på selve juleaften, under juletræet. Menuen har i mange år stået på fritter og hjemmelavede burgere. Og is til dessert. Når vi har spist og hygget med det, skiftes de børn, der får gaver, til at hente en gave og åbne den. Og det er så det. Der er ingen dans om træet, mandelgave eller andet juleri.

LØSNING 2: HYGGE DEN 26. DECEMBER

Der har også været år, hvor mine ekstrabørn først er kommet den 26. december, altså 2. juledag, typisk om formiddagen. Så er det en anden model, vi bruger – nemlig 'brunchmodellen'.

Når ekstrabørnene er ankommet, hygger vi med brunch og udpakning af gaver til de børn, der ikke var med juleaften. Gaverne ligger under træet, og de skiftes til at hente en. Derudover er der intet juleri over det.

FIND EN MODEL, DER PASSER TIL JERES FAMILIE

I alle livets aspekter gælder det om at finde en model, der passer til hver enkelt familie. De to voksne i familien sætter rammerne, og barnet er med til at udfylde dem. Helt konkret har det i vores tilfælde betydet, at vi har bestemt at holde EN juleaften – det er den ramme, vi har udstukket. Til gengæld har børnene været med til at bestemme menuen både for løsning 1 og løsning 2.

For mig personligt er det vigtigt at finde en model, der ligger så tæt op ad det virkelige liv som muligt – forstået på den måde, at det har nogle konsekvenser, når barnets forældre er skilt. Jeg mener derfor ikke, at det er nødvendigt at holde to juleaftener. Og ja, så vil det højst sandsynligt betyde, at barnet ikke fejrer det med både mor og far, og det er hårdt for alle. Men sådan er livet, og det er en af konsekvenserne ved at være skilt. Måske er det i virkeligheden også mere forældrenes behov for at fejre julen sammen med barnet, selv om de ikke er sammen den 24. december, der gør, at der bliver stablet en ekstra juleaften på benene.

Livet tager ikke nødvendigvis hensyn til, hvad der er ret og rimeligt, og tildeler os lykke eller ekstrabørn derefter. Tilfredshed og lykke er noget, vi selv må skabe – selv om vi kan synes, at betingelserne i øjeblikket er imod os, hårde, uretfærdige, eller hvad vi ellers tænker om dem.

Livet kan være uretfærdigt og hårdt, og jo tidligere vi på en kærlig måde lærer vores ekstrabarn at navigere i det, jo bedre. Hvert valg vi træffer, har nogle konsekvenser. Træffer vi ikke nogen valg, har det også konsekvenser. Og i det tilfælde, mor og far er skilt, betyder det, at du som barn ikke kan holde jul med dem begge to på samme tid, medmindre de er indstillet på det. *Men er det ikke synd for børnene?* tænker du måske. Jo, måske. Måske ikke. Det ved vi jo faktisk ikke. Måske er det rarere for børnene, at deres forældre med nye partnere ikke opholder sig i samme rum juleaften.

Jeg kender til flere, der holder juleaften sammen på kryds og tværs, selv om de er skilt. Og det er jo skønt, at det fungerer for dem, men for andre fungerer det ikke. Jeg tror ikke, at vi behøver være så bange for at finde vores egen model ud fra, hvad der føles rigtigt, og uanset hvad andre gør. Jeg anbefaler at sætte spørgsmålstegn i stedet for bare at indrette sig efter normerne eller omverdenens forventninger.

TILPAS DIG IKKE ANDRES HØJTIDSFORVENTNINGER – TAG ANSVAR FOR DIN GLÆDE

Der er ikke noget så kvælende både for en selv og for parforholdet som at skulle tilpasse sig andres forventninger. Jeg tror ikke, at der kommer nogen 'vindere' ud af det. Tværtimod taber alle, når du ofrer dig. Du er ikke glad, og måske er omverdenen det heller ikke. Som mennesker er det vores opgave at tage ansvar for vores egen lykke. Mange har en forventning om, at det er kæresten, barnet, arbejdet, forældrene eller andre, der er ansvarlige for deres lykke eller især manglen på samme. Men det er vi selv ansvarlige for. Ingen andre.

Hvor har jeg mange gange hørt forskellige variationer af:

Hvis bare hans barn ikke var så …, så ville jeg ….
Hvis bare eksen ikke …, så ville jeg …
Hvis bare min kæreste var lidt mere …, så ville jeg …
Jeg ville sådan ønske, at …
Jeg håber virkelig, at …

Hvis og hvis. Hvis ansvar er det, at du er glad – højtid eller ej? Hvem har den største interesse i, at du er glad? Hvem lider mest, når du ikke er glad? Selv om jeg kan forestille mig, at du kan gøre det surt for dine omgivelser, når du ikke er glad, så forestiller jeg mig alligevel også, at det er værst for dig selv. Jeg kan sagtens – og det på meget kort tid – gøre det surt for mine omgivelser, hvis jeg ikke er glad, men det er stadig mig, der lider mest, når jeg ikke er glad.

For nogle år siden fik jeg en meget vis kommentar, da jeg brokkede mig over min manglende glæde og i en periode var rigtig flink til at vælte skylden og ansvaret over på stort set alle andre end mig selv. Jeg fik at vide: *Det, du ikke selv har givet, mangler i situationen.* Det lyder måske lidt mystisk – her er et personligt eksempel til at illustrere det.

Det er mere end syv år siden, men jeg husker det, som var det i går. Det var weekend, og familien bestod på det tidspunkt af mine ekstrabørn på ca. 6 og 13 år, min mand og vores fælles datter på 1 år.

Pålægschokoladen, den karakteristiske gule æske, kom på bordet til de store piger. Straks blev min datter utroligt begejstret, hvilket vi kunne se ved en glad hoppen op og ned i stolen, alt imens hun pegede insisterende på æsken.

Jeg selv var ved at koge over af raseri indeni. Jeg havde på ingen måde tænkt, at hun i så tidlig en alder behøvede at stifte bekendtskab med pålægschokolade. Men det gjorde hun. Til stor jubel for hende – og resten af familien. Det vil sige alle undtagen mig.

Der sad jeg så og iagttog min familie, der alle havde en fest over en lille piges begejstring over sit første bekendtskab med chokolade, mens jeg havde dømt mig selv ude på grund af et stykke sølle pålægschokolade.

Midt i mit indre raseri lykkedes det mig at finde et mentalt stille sted, hvor jeg kunne spørge mig selv om, hvad det her egentlig handlede om.

Jeg syntes ikke, og det synes jeg for øvrigt stadig ikke, at min datter på så tidligt et tidspunkt i sit liv behøver at vide, hvad pålægschokolade er. Men i det store billede er det jo så uendelig ligegyldigt. Hun har to større søstre, der er ellevilde med hende, og det er langt mere værd end den pålægschokoladeskandale, jeg havde lagt op til.

Men syntes jeg, at det var nemt at skifte fokus?
NEJ! Det gjorde jeg virkelig ikke.

Blev det meget nemmere at være mig, efter at jeg havde skiftet fokus?
JA! Det gjorde det virkelig.

'Kun det, jeg ikke selv har givet, kan mangle i en situation'. Og det var jo rigtigt. Jeg var den eneste af os fem, der ikke havde givet glæde, og jeg var den eneste, der manglede glæde.

? SELVREFLEKSION

Hvad er det, jeg føler, der mangler i forbindelse med julen, som jeg ikke selv har givet?

_____

_____

BEDSTEFORÆLDRE-OLYMPIADE

Ud over os som forældre og ekstraforældre er der et sæt voksne mere, der har en stor interesse i barnet, nemlig barnets bedsteforældre. Og det kan være svært at tilgodese deres ønsker om at se mest muligt til barnebarnet, når vi ikke selv ser ekstrabarnet hver dag. Hertil kommer naturligvis også en eventuel geografisk afstand.

Da både mine egne forældre og svigerforældre er skilt, og alle er i nye forhold, er det rigtig mange mennesker for dem (og os) at forholde sig til – med børn, svigerbørn, ekstrabørn, ekstrasvigerbørn, børnebørn og ekstrabørnebørn.

Nogle gange føles julen lidt ligesom de olympiske lege, for vi ser eksempelvis kun farfar hvert 4. år. Men sådan er det, og det er jo en af konsekvenserne ved en skilsmisse.

Vi lægger hus til juleaften, og alle i familien, der har lyst til at komme, er velkomne, bedsteforældre, ekstrabedsteforældre, ekstrasøskende – hele molevitten. Det plejer at regulere sig meget fint, så det rent faktisk passer til størrelsen af vores hus og antallet af de tallerkner, vi ligger inde med. For at vi som værter ikke skal styrte rundt hele dagen, bliver alle bedt om at tage noget med. Derudover er der en arbejdsfordeling på selve dagen/aftenen, så alle, inkl. børnene, ved, hvad de bidrager med, og hvornår de bare kan holde 'fri'. Det er rart for alle på den måde, og børnene tager deres opgaver meget alvorligt. Det er typisk at sørge for, at der er drikkelse på bordet, og at gaverne eksempelvis kommer under træet.

ANDRE HØJTIDER

I forbindelse med for eksempel påskefrokost eller pinsekomsammen, deltager de børn, der er hos os i påsken eller pinsen. Det vil sige, at vi hvert andet år kommer med to børn og hvert andet år med fire børn. Nu hvor mit ældste ekstrabarn er blevet ældre (20 år i skrivende stund), hægter hun sig på, når hun har tid og lyst.

Min mand og jeg mener, det er vigtigt at bytte mindst muligt rundt på weekender af hensyn til børnene. Derfor tilpasser vi vores arrangementer alt efter, om det er en weekend med to eller fire børn. Og ja, det betyder, at der er nogle ting, mine ekstrabørn en gang imellem går glip af, men det er et valg, vi har truffet. Nu hvor de er blevet større, kan vi sagtens finde på at spørge dem, om de vil med, hvis det passer ind i deres og mødrenes planer.

Jeg anbefaler en model, der passer til jer. Jeg er klar over, at det langtfra altid er muligt at få netop den model, du ønsker dig. Men det er altid muligt at finde noget positivt ved den model, du får tildelt, selv om du havde ønsket noget helt andet. De ting, det ikke står i din magt at ændre ved, er der ingen grund til at spilde tiden med at ønske, at du kunne ændre. Det kan du ikke. Så stop dit energi- og tankeforbrug på at ønske, det var anderledes. Det er det ikke, og det bliver det ikke. Brug i stedet dit krudt på at tænke nogle tanker, der gør dig godt.

FØDSELSDAGE

Selv om vi har valgt kun at holde én juleaften, nemlig den 24. december, holder vi to børnefødselsdage. Mine ekstrabørn fejrer det hjemme hos deres mødre med deres familier og hos os med min mands familie. Det er en løsning, vi har valgt, fordi den passer til os. Vi vil gerne fejre, at barnet bliver et år ældre. Sådan helt lavpraktisk gør vi det den weekend, der er tættest på selve fødselsdagen.

BØRNEFØDSELSDAGE MED BEDSTEFORÆLDRE

Til vores børnefødselsdage bliver de biologiske bedsteforældre med partnere inviteret. Det betyder ikke, at mine forældre og deres respektive nye partnere ikke har lyst til at fejre mine ekstrabørn. Deres manglende invitation er en afspejling af et bevidst valg fra min og min mands side.

Det betyder så, at der til mine ekstrabørns fødselsdage bliver inviteret farfar og hans kone plus farmor og hendes partner.

Til mine børns fødselsdag inviterer vi yderligere mormor med partner og morfar med partner. Det vil sige otte voksne i alt.

Ja, det er rigtigt, at mine ekstrabørn så ikke får en fødselsdagsgave fra mine forældre – ofte sender de et kort, en sms eller en besked på Facebook. Dette fungerer for os, og vi har naturligvis forklaret børnene, hvorfor det er, som det er.

Nogle vil måske mene, at de bliver snydt for nogle gaver. Det mener jeg ikke. De har også hele familien på deres mødres side, der fejrer dem.

Jeg kender familier, hvor børnefødselsdage bliver holdt sammen med alle fire familier. Det vil sige barnets mor og far, deres nye partnere og deres respektive nye familier. Jeg har ingen mening om, hvorvidt det ene er bedre end det andet, men kan blot konstatere, at den løsning passer ikke til os, og derfor gør vi noget andet.

For mig er det vigtigst at være mest muligt med til det, det hele handler om, nemlig at fejre barnet. Sådan har jeg ikke altid haft det. Tidligere var det vigtigere for mig at vise gæsterne, at det hele var hjemmelavet. Det var faktisk hårdt. Jeg var i køkkenet i mange timer og syntes nærmest, at ekstrabarnet var i vejen. Indtil en dag, hvor jeg stoppede op og tænkte på det helt absurde i situationen. Tænk at være i vejen på sin egen fødselsdag, for at ekstramor kan imponere gæsterne! Sådan er det heldigvis ikke længere.

Nu springer jeg på nogle punkter over, hvor gærdet er lavt, ellers går al min tid med at stå i køkkenet i stedet for at være nærværende med ekstrabarnet. Det betyder helt konkret, at jeg kan finde på at købe boller eller uddelegere det at bage dem til andre. Jeg kan også sagtens finde på at bestille kagedamen hos bageren, ligesom jeg kan finde på at servere suppe til aftensmaden, fordi jeg kan købe det færdigt og derved spare tid i køkkenet. Alt sammen for at få mere tid til at fejre fødselaren.

Vurder, hvad du synes, der virker bedst for dig, og læg mærke til, om det er din egen stemme, der taler, eller om det er de forventninger, du tror andre har til dig – og som du i hvert fald helt sikkert har til dig selv.

Her er nogle spørgsmål, som jeg vil invitere dig til at reflektere over. Der er ingen facitliste, ingen rigtige og forkerte svar. Kun de svar, der føles rigtige for dig.

? SELVREFLEKSION

Hvad er vigtigst for mig – at det hele er hjemmelavet, eller at jeg har tid sammen med mit ekstrabarn?

_____

_____

>>

Hvad er vigtigst for mig – hvad andre tænker, eller hvad jeg selv tænker?
_____
_____

Hvad er jeg nødt til at ændre?
_____
_____

Hvad vil jeg begynde med, som jeg ikke gør i dag?
_____
_____

Hvad vil jeg stoppe med?
_____
_____

KONFIRMATION

En stor begivenhed i et skilsmissebarns liv og i børns liv i øvrigt er konfirmationen/nonfirmationen.

Som med julen mener jeg, at der kun kan holdes én konfirmationsfest, for det er kun én bestemt dag, du bliver konfirmeret i kirken. Men der er tilfælde, hvor forældrene ikke kan være sammen, og så kan det jo blive nødvendigt at markere det ved to forskellige festlige lejligheder, hvis begge forældre gerne vil fejre det. Som udgangspunkt mener jeg, at vi sagtens kan tage en snak med barnet om det og høre, hvad det kunne tænke sig. Måske giver det helt sig selv.

Hos os blev det sådan, at vi måtte fejre det af to omgange for begge mine ekstrabørn. Det var ikke vores valg, sådan blev det bare. Det, der var vigtigt for min mand, var, at vi var med i kirken, og så syntes han ikke, at det var nødvendigt at bruge energi på at diskutere, om vi holdt festen sammen eller ej, når der blev lagt op til, at det gjorde vi ikke. I det ene tilfælde var det ekstrabarnets ønske, i det andet var det ekstrabarnets mors ønske.

Begge gange forløb den kirkelige konfirmationshandling for mine ekstrabørn fint. På den fædrene side deltog deres far, deres farforældre med partnere og deres søskende og jeg.

Til den ene konfirmation var der inden selve dagen lidt diskussion om, hvem der måtte sidde hvor. Personligt synes jeg, at hensynet til ekstrabarnet vejer tungest, og så kan det godt være, at vi andre er nødt til at gå lidt på kompromis, med det vi havde tænkt os. Det er i sådanne situationer, det kan være en udfordring at være ekstramor, for hvor er vores plads sådan en dag? Det kan sagtens afhænge af, hvem vi spørger, om det er vores mand, vores ekstrabarn, vores ekstrabarns mor eller os selv. Vi fandt en løsning, der tilgodeså mit ekstrabarn, så hun havde en god oplevelse og en god dag, og det var for mig det vigtigste, selv om jeg og min mand måtte gå på kompromis med nogle af vores ønsker.

Jeg tror på, at der i enhver udfordring eller krise er en mulighed for at vokse på det personlige plan. Bruger vi krisen 'rigtigt', er der en gave at hente til os selv. Noget, vi kan lære og bruge fremadrettet. Ofte er det ved kriser, at vi bliver opmærksomme på, hvad vi IKKE bryder os om, og det er smart. For så kan vi bedre stile efter det, vi rent faktisk bryder os om. Det er kontrasten mellem vores ønsker og det liv, vi rent faktisk lever, der gør os klogere.

Lidelse opstår først, når vi sætter os mellem to stole, det vil sige, når vi ikke accepterer konsekvenserne af de valg, der bliver truffet. Og det uanset om vi selv har truffet dem, eller de bliver truffet for os.

BRYLLUP

Der er ingen garanti for, at vores ekstrabarn bliver glad, når vi meddeler, at dets far og dets ekstramor gifter sig.

Da min mand, den gang kæreste, og jeg tilbage i 2003 fortalte mine ekstrabørn, at vi ville gifte os, var de 4 og 11 år. Begge børn blev rigtig glade og fik tilbuddet om at være brudepige. Da glæden havde lagt sig lidt, blev den ældste af børnene lidt mere eftertænksom og spurgte: *Jamen, hvad så med mor?*

Det var ikke, fordi hun ikke glædede sig på vores vegne – det gjorde hun virkelig. Men samtidig blev hun også bekymret for, hvad der skulle ske med hendes mor, som på det tidspunkt var alene. Og det er helt normalt, at barnet tager bekymringer på sine skuldre for den anden forælder. Vi satte os ned og fik en god snak om, hvad det betød, og hvad der er hendes ansvar, og hvad der er de voksnes ansvar at klare.

Vi kan heller ikke nødvendigvis forvente, at ekstrabarnets mor bliver begejstret over at høre det. Det er helt op til hende og afhængigt af, hvor afklaret hun er med situationen. Vi kan ikke tage ansvaret for eks'en på vores skuldre, men vi kan sørge for at skabe så optimale rammer for barnet som muligt.

Bliver ekstrabarnets mor ked af det eller sur, synes jeg, at det er o.k. at tale med barnet om det. Faktisk vil jeg sige, at det ikke er o.k. ikke at tale om det. Ting kan ikke ties ihjel. Det gælder om at tale om de ting, der 'svæver i luften', men som ingen tør tale om. Børn er utroligt dygtige til at aflæse forældrene, og det er rarere for dem og for os, at der bliver talt åbent om tingene, end at de bliver fortiet. Jeg mener, at vi sagtens kan forklare vores ekstrabarn, at dets mor ikke kan glæde sig på samme måde til brylluppet, for det er jo ikke hendes bryllup. Vi kan endda sige til ekstrabarnet, at det må snakke alt det, det vil om brylluppet med os, for det er ikke sikkert, dets mor har lyst til at snakke om det. Vi kan bedst selv vurdere i vores egen situation, hvad der er passende.

Jeg mener naturligvis ikke, at barnet bør bære de voksnes følelsesmæssige reaktioner på deres skuldre. På ingen måde. Men jeg synes, at det er vores pligt som ansvarlige voksne at sætte ord på det.

TAL OM DET USAGTE – ET PERSONLIGT EKSEMPEL

Sidste sommer, da hele familien var på ferie i usædvanligt naturskønne omgivelser, ville jeg gerne fotografere. Igen. Jeg spurgte derfor min mand, der bar kameraet, om ikke jeg lige kunne låne det til at skyde et pletskud af en blomst. Hertil fik jeg et lidt småflabet svar om, *hvorvidt det nu også var nødvendigt at fotografere. Igen.*

Det var varmt, jeg var træt, tørstig og svedig, og min lunte var kort, så jeg hvæsede et: *Nej, nej så* tilbage.

Og marcherede af sted for at indhente børnene, der nu gik ca. 5 meter længere fremme.

Vores yngste fælles datter kiggede på mig og spurgte: 'Hvorfor er dig og far uvenner?'

Hvortil jeg fluks svarede: 'Det er vi da ikke.'

Prompte kom det – med fin, ren og krystalklar børnestemme: 'Det kan jeg da se på dit ansigt, mor.'

BANG! Afsløret! Nappet på fersk gerning!

Jeg mener ikke, at vi rent faktisk var uvenner, men det havde været mere præcist at sige noget i retning af: *Vi er ikke uvenner, men du har ret i, at lige nu er far og jeg ikke enige* til min datter.

Så havde hun haft oplevelsen af, at hendes mor var autentisk, og at hun selv, altså min datter, kunne stole på sin intuition. For med mit svar indikerede jeg jo nærmest, at hun løj eller tog fejl. Og det var ikke fair. Eller sandt.

Det var bare en lille hændelse, men det vidner lidt om, hvad børn lægger mærke til. Når vi som voksne går rundt og tror, at børn ikke registrerer misstemninger os imellem, er vi virkelig nødt til at tro om igen.

Derfor anbefaler jeg alle at tale med barnet om det, der sker. Sæt ord på. Det er rarere for ekstrabarnet og for dig. Ellers begynder vi bare at gætte, lave vores egne fortolkninger – og det kan sagtens være dramatisk og noget i stil med:

Jeg lagde mærke til, at Janne blev sur på far, så nu forestiller jeg mig, at de skal skilles.
Jeg lagde mærke til, at far svarede surt, så nu forestiller jeg mig, at han ikke elsker mig mere.

Rigtig mange af vores oplevelser bygger på fortolkninger. Vi lægger mærke til noget, og herefter forestiller vi os et resultat. Verden er ikke, som den er, men som vi er.

WEEKENDER — HENSYN TIL BARNET ELLER FORÆLDRENE?

Af hensyn til ekstrabørnenes hverdag har vi altid gjort et stort nummer ud af ikke at bytte rundt på de aftalte weekender. Vi tilrettelægger ganske enkelt programmet, så det passer til den weekend, hvor der er to eller fire børn.

Jeg tror på, at det er bedst for barnet med faste rutiner, hvilket også betyder, at vi ikke ændrer på de weekender, hvor det er hos far og ekstramor. Når og hvis vi bytter weekend, ser vi måske barnet to weekender i træk, mens der så går tre uger, før vi ses igen. Det kan godt være lang tid i et lille barns liv. Og også i den forælders liv, der ikke ser barnet.

Men naturligvis kan det faste weekend-mønster også være en kilde til frustration, hvis vi gerne vil bytte om på en weekend på grund af en rund fødselsdag i familien eller en anden vigtig begivenhed. Medmindre vi selv har planlagt noget helt specifikt, er vi fleksible, hvis ekstrabørnenes mødre gerne vil have deres barn med til en familiebegivenhed.

Især da mine ekstrabørn var yngre, takkede vi nej til fester eller andet de weekender, hvor ekstrabørnene var hos os. Vi ser dem kun i så kort tid, og især deres far nænner derfor ikke at få dem passet så ofte, når de er hos os. Tidligere kunne det være en kilde til frustration hos mig. Men han forhindrede ikke mig i at deltage i festen eller arrangementet, blot syntes jeg ikke, at det ville være det samme uden ham, og valgte derfor også ofte at blive hjemme.

I forbindelse med højtider og ferier er det, som med alt andet, det vigtigste, at I finder den løsning, der passer til netop jeres familie, ud fra de rammer der er.

Ja, det er muligt, at I kunne ønske jer nogle andre rammer, men forsøg at få det bedste ud af dem, der nu engang er. Fokuser på det positive ved dem.

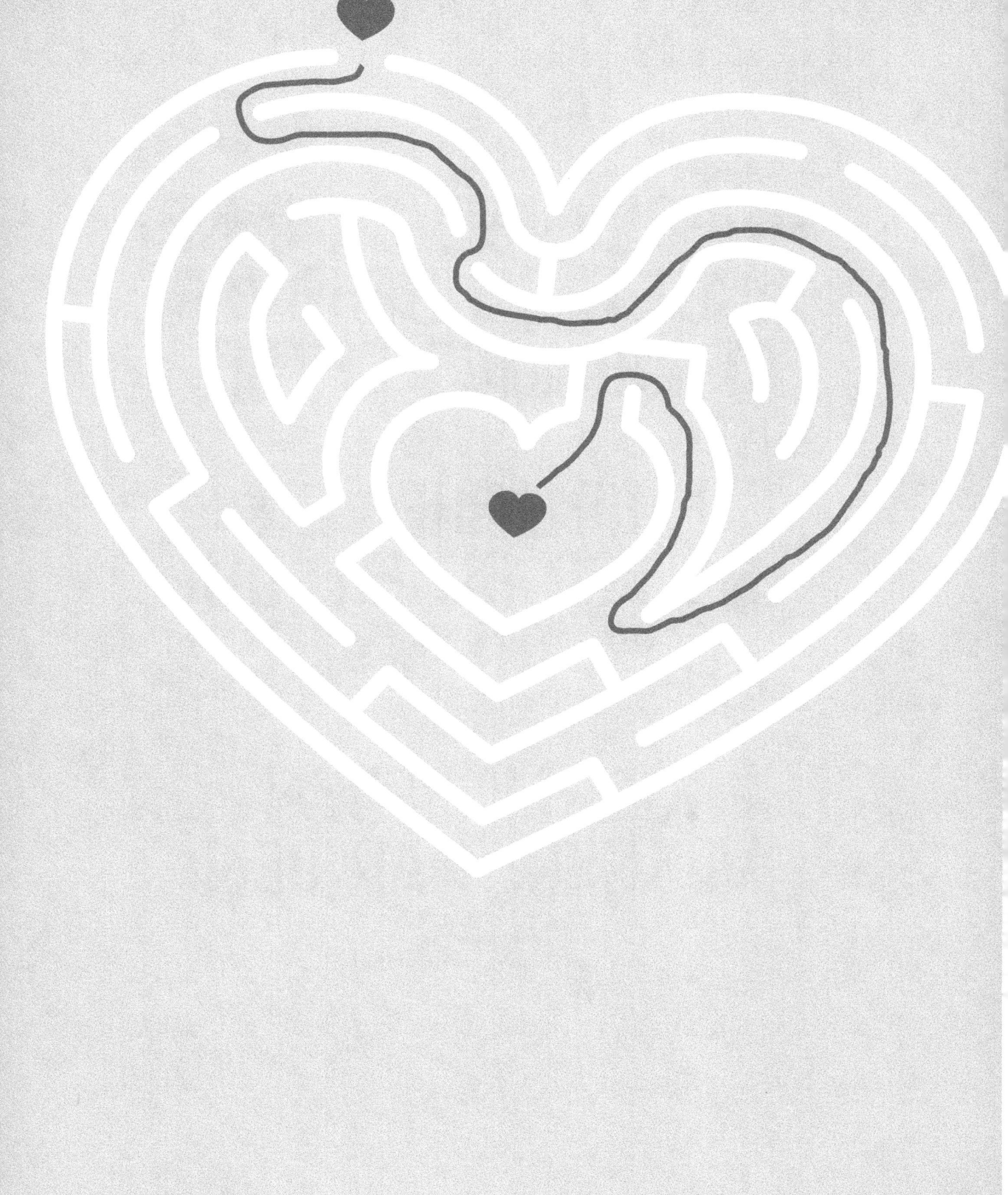

'KÆRLIGHED ER IKKE NOGET, DU BEHØVER AT LÆNGES EFTER.

KÆRLIGHED ER NOGET, DU ER, DU GØR, DU GIVER.

KÆRLIGHEDEN VOKSER, NÅR DEN DELES'.

Janne Leth Førgaard

KAPITEL 5
MANDEN, FORHOLDET OG FRIRUMMET

KÆRLIGHEDENS KUNST

Kærlighed er en kunst. En kunst, der for de fleste af os ikke er helt let at mestre. Der er ikke noget som kærlighed, der kan få os helt op på de lyserøde skyer eller helt ned i den sorteste af alle sorte kulkældre.

Når vi møder og forelsker os i et andet menneske, ryger vi ofte direkte ind på førstepladsen på hans eller hendes hitliste. Nøj, hvor det føles godt at være på førstepladsen.

Sagen er bare lidt anderledes, når vi bliver kæreste med nogens far. Så er vi sjældent på førstepladsen i ret lang tid ad gangen. Og allerede dér kommer der småbitte ridser i den velpolerede lak og formentlig også i vores selvværd, hvis vi ikke er opmærksomme.

Sådan er virkeligheden, vi er ikke alene på førstepladsen, når vi er kæreste med nogens far. Hvis du ikke bryder dig om den virkelighed, vil jeg anbefale dig at overveje meget nøje, om det er det rette for dig at være i et forhold til nogens far.

Den gang jeg blev mor for første gang, sagde en af mine veninder til mig: *At få et barn er som at påføre sig selv en smerte for livet.* Og det kan det også være at blive kæreste med nogens far. Men vi vælger selv, hvordan og i hvilket omfang vi vil lade det være en smerte, der styrer os, eller som vi styrer. Det kommer jeg tilbage til senere i kapitlet.

Jeg har coachet en del kvinder, der har sagt: *Jamen, Janne, vi har det perfekt, når børnene ikke er hos os. Hvis bare de ikke var der, ville det hele være meget nemmere.*

Det er ikke, fordi jeg ikke kan sætte mig ind i tankegangen, for det kan jeg faktisk godt. Men – for der er et stort men – for mig svarer det lidt til at sige, at det ville være meget lettere, hvis det ikke blev nat, men kun var dag. Det er muligt, at det ville være lettere. Men det kommer ikke til at ske, så lad være med at bruge så meget som et sekund mere på at tænke den tanke. Jo før du accepterer, at du 'deler' førstepladsen, jo bedre får du det.

Hvis vi et øjeblik leger med tanken om, at jeg kunne få dit ekstrabarn til at forsvinde, ville dit liv og jeres forhold så blive perfekt? Det tror jeg næppe. Manden, barnets far, ville jo være fuldstændig ude af sig selv, hvis hans barn forsvandt, og han ville slet ikke være den samme som den mand, du forelskede dig i. At lege med tanken om, at det ville være nemmere, hvis barnet ikke var blevet født, er absurd. For det er født.

KALKULER IKKE MED TING, DER IKKE KOMMER TIL AT SKE

Første regel i dit forhold: Kalkuler ikke med eller fantaser ikke om ting, der ikke kommer til at ske. Når du alligevel gør det, binder du utroligt meget energi op på noget, som ikke kommer til at ske, og påfører dig selv unødig lidelse. Inden du har set dig om, tænker du kun på, at det ville være nemmere, hvis barnet ikke eksisterede. Det tankesæt ser nogenlunde sådan her ud:

Åh, hvor ville vores forhold være perfekt, hvis det ikke var for hans barn.
Ej altså. det skide barn, det er i vejen.
Hold da op, hvor er det bare til besvær.
Kan barnet egentlig ikke bare blive hos sin mor?
Det invaderer mit liv hver anden uge/weekend.
Øv, sikke et dårligt liv jeg har.
Alt er bare noget møg.

Fra at være en smule irriteret har du på ingen tid gjort dig selv nedtrykt til ingen verdens nytte.

Du kan selvfølgelig skifte spor. Min erfaring er, at det er lettere at skifte spor ved den første tanke, end når du har rullet den helt ud. Det er stadig muligt, men det kræver mere af dig. Selv foretrækker jeg at stoppe min lidelsesleg så tidligt som muligt.

For 10 år siden, da jeg blev kæreste med mine ekstrabørns far, syntes jeg ikke, at det var spor let med overgangen fra nyforelsket tosomhed til nyvunden familie hver anden torsdag-søndag. Da jeg mødte børnenes far, var mine ekstrabørn ca. 3 ½ og 10 år, og jeg kan huske, at jeg tænkte og endda sagde til min mor, at det ville være nemmere for mig, hvis de var større. Nu er de større (teenagere), og jeg tænker nogle gange på, at det faktisk var nemmere, da de var mindre. Sådan er livet så paradoksalt.

Jeg bemærkede, at jeg allerede mandag morgen, når de skulle komme om torsdagen, begyndte at tænke: *Puha, det bliver lidt anstrengende med weekenden, og jeg er nødt til at tilpasse mig i et væk. Jeg glæder mig allerede til søndag aften, hvor jeg kan være mig selv igen.*

Prøv lige at stoppe tanken dér. Det er jo en fuldstændig absurd tilgang til livet. At tænke sig at gå og vente på, at ugen er overstået. Det er jo som at vente på, at halvdelen af mit liv er overstået. Og hvad er det dér med, at jeg ikke kan være mig selv? Hvem har sagt noget om det? Hvis ikke jeg er mig selv, hvem er jeg så egentlig? At gå og vente på, at noget er overstået, er spild af tid og af liv.

Det er min erfaring, at det kræver et utroligt højt selvværd at være kæreste med nogens far. Alle de ting og følelser, du ikke har forholdt dig til i dit liv, i din barndom og i din inderste kerne, kommer frem i lyset. Det er ikke altid hverken kønt, nemt eller håndterbart for en selv.

Min løsning blev, at jeg hyrede en dygtig coach til at hjælpe mig med at finde ind til kernen i problemet. For det var ikke mine ekstrabørn, der var problemet, det var jeg med på. Jeg havde på det tidspunkt truffet en dyb beslutning om, at det var manden, jeg ville være sammen med, og var derfor klar over, at løsningen på mit (selvskabte) problem måtte findes hos mig selv.

Heldigvis fik jeg kigget på og arbejdet med de følelser i mig, der stod i vejen for, at jeg kunne være mig selv og have det godt, selv om ekstrabørnene var der. Alt andet er jo også utroligt anstrengende ikke bare for mig selv, men også for mine omgivelser.

Det havde været let for mig at pege fingre ad min mand og sige: Det er også, fordi du altid/aldrig... Men det gjorde jeg heldigvis ikke. Det ville heller ikke have løst mit problem så effektivt, som jeg selv gjorde.

PLEJ KÆRLIGHEDEN

Vi kan ikke nøjes med at sige *Jeg elsker dig* en gang til vores partner og så tro, at han ved det for altid. Kærligheden og vores forhold er noget, vi må værne om hver dag og pleje, lidt ligesom en sart plante. Kærligheden er et tilvalg, og alligevel er det så forbavsende let at lade hverdagen tage over og glemme at pleje hinanden og forholdet.

Som mødre har vi en uudtømmelig kilde af kærlighed til vores barn. Den kilde nyder mand og ekstrabarn ofte ikke lige så godt af – eller i hvert fald ikke på samme måde. Jeg mener heller ikke, at vi som ekstramødre nødvendigvis behøver at elske vores ekstrabarn lige så højt som vores eget barn. Jeg forventer heller ikke, at mine ekstrabørn elsker mig lige så højt, som de elsker deres mødre. Men jeg bliver utrolig glad og taknemmelig, når de udtrykker over for mig, at jeg betyder noget i deres liv, at jeg gør en positiv forskel for dem.

Denne tendens til at give alt, hvad vi har i os, til barnet og så glemme dets far vil jeg gerne opfordre til, at vi stopper. Barnet bliver større og flytter hjemmefra på et tidspunkt. Og så sidder vi alene tilbage med vores mand – hvis vi er heldige. Vi skal ikke leve livet *gennem* vores ekstrabarn eller barn, men *sammen* med vores ekstrabarn eller barn. Barnet flytter på et tidspunkt, det gør manden forhåbentlig ikke.

Ofte tager vi de ting for givet, for eksempel vores mand, som i virkeligheden allermest fortjener vores taknemmelighed.

I starten af mit forhold var jeg irriteret over, at min mand havde prøvet det hele før med andre end mig. Han var blevet gift før. Han havde fået børn før. Der var ligesom ikke noget, der var nyt og spændende for ham, syntes jeg. Men vigtigst af alt husker jeg mig selv på, at det faktum, at han allerede var far til to børn med to forliste forhold bag sig, da jeg mødte ham, har gjort ham til lige præcis den kærlige mand, som jeg forelskede mig i.

Nu fokuserer jeg på og har øje for de fordele, der er ved at have en mand, der har prøvet det hele før. Han ved, hvor forholds-faldgruberne er, og er meget opmærksom på, at vi styrer uden om dem. Men selvfølgelig er der stunder, hvor jeg synes, det er rodet at have to ekstrabørn, der har hver sin mor. Blot er det ikke ved de tanker, jeg dvæler.

Det er blandt andet hans fortjeneste, at vi, fra vores fælles børn var relativt små, prioriterede at komme væk på 'kæresteweekend' mindst en gang om året. At vi en gang om måneden har en kærestedag, hvor vi skiftes til at arrangere, hvad der sker. Det kan være alt fra en gåtur i måneskin til en tur i teatret. Det vigtige er ikke, hvad vi laver. Det vigtige er, at vi er sammen, kun os to. Og at vi faktisk hver især gør os umage med at finde på ting, som vi tænker, vil glæde den anden.

♥ FIF

Jeg har lavet en regel med mig selv, som jeg gerne vil dele med dig, for den er ganske effektiv, hvis jeg selv må sige det. I al sin enkelhed så er det sådan, at jeg højst må dvæle ved irritationsmomenter ved min mand/ vores forhold i max. 30 minutter. Herefter er jeg nødt til at finde på noget konstruktivt at gøre ved det.

Den regel er til for at sikre, at jeg ikke farer vild i et problem i for lang tid, men at jeg derimod vender mit blik mod løsningen.

BEHOV

Bag enhver anklage, uanset om vi retter den mod vores partner eller os selv, ligger der et uopfyldt behov, et behov, vi har overset – ofte i lang tid. Hvis det da ikke stammer helt tilbage fra vores barndom, hvor det heller ikke blev imødekommet. Med opmærksomhed, bevidsthed og træning kan du sagtens selv finde frem til, hvilket umødt behov du anklager andre for ikke at opfylde. Og så begynde at opfylde det selv.

Måske sidder du lige nu og tænker, *Øv, det var da ellers så rart at give andre skylden for, at mine behov ikke blev opfyldt*. Men hver gang du peger fingre ad andre, peger der tre tilbage mod dig selv. Og de tre fingre er din rettesnor, din hjælper. Fordelen ved selv at opfylde behovet er, at du helt selv bestemmer tempoet – det kan være nu, om ti dage eller fem år. Du bestemmer. Når/hvis du er afhængig af, at andre mennesker opfylder dine behov, venter du nogle gange forgæves et helt liv.

Du er selv nødt til at tage ansvar for dine behov, andre kan ikke gøre det for dig. Heller ikke din partner. Ud over selv at tage ansvar for dine behov er du også selv ansvarlig for, at de bliver opfyldt. Du kan sagtens involvere andre, bede om hjælp, men det er dit ansvar og dit alene, at du opfylder dine behov.

? SELVREFLEKSION

Hvad bebrejder jeg min partner for ikke at give mig, som jeg med stor fordel kunne give mig selv?

_____

_____

Hvordan kan jeg give mig selv det – nævn tre konkrete handlinger?

_____

_____

_____

Hvornår vil jeg starte?

_____

_____

ANSVAR

Ansvar. Alene ordet får det til at løbe koldt ned ad ryggen på mange.

Det er dit ansvar.
Det er ikke mit ansvar.
Hvis ansvar er det her?

Spørgsmålene kan let fyge gennem luften som usynlige pile, når det kommer til ansvar. Selv er jeg meget afklaret, hvad angår parforhold og ansvar.

Det er mit ansvar, at jeg er tilfreds med mit parforhold. Ligesom det er min mands ansvar, at han er tilfreds med vores parforhold. Det betyder ikke, at vi ikke kan gøre noget for at gøre hinanden glade, tværtimod. Blot hviler ansvaret ikke på den andens skuldre.

Det er ikke altid let for mig at efterleve. Slet ikke. Men det betyder, at jeg ved, hvem jeg må tage en alvorlig snak med, når jeg er utilfreds med mit parforhold. Og det er ikke i første omgang min mand. Men mig selv.

Når vi bliver vrede på vores partner, så er det, fordi vi ikke tager ansvaret selv. Det er hverken rimeligt eller realistisk at forvente, endsige forlange af andre mennesker, at de er ansvarlige for vores liv og lykke.

Det er rimeligt at forvente, at forældre har ansvaret for deres barn, men det er ikke den slags ansvar, vi taler om her.

ANSVARSTYVERI

Nogle mennesker, især kvinder, er så begejstrede for ansvar, at de ligefrem stjæler det fra andre, typisk manden, og dermed gør sig til ansvarstyve. I den gode sags tjeneste, det er jeg klar over, men det er alligevel et tyveri. Hvad værre er, så er det faktisk det samme som at sige: *Jeg tager ansvaret, for jeg tror faktisk ikke, at du magter det eller har evnerne til det.*

Hånden på hjertet: Hvor mange har ikke i starten af et forhold taget et (for) stort ansvar i forbindelse med for eksempel de praktiske gøremål i den fælles bopæl?

Hånden på hjertet: Hvor mange begynder at bebrejde sin mand for at stå med det hele efter en rum tid?

Jeg vil gerne indrømme, at det gjorde jeg. Både hvad angik indkøb, madlavning, tøjvask og rengøring. Og sikkert også andre ting.

– Da det dér ansvar begyndte at blive lidt irriterende at have på mit bord, sagde jeg da noget direkte?
Nej da, selvfølgelig ikke.
– Fortsatte jeg i bedste martyrstil?
Naturligvis.
– Skulede jeg rigtig surt, når min mand sad og nød for eksempel at læse avisen?
Ja, det gjorde jeg.
– Sendte jeg ham mit 'du-kan-vel-nok-regne-ud-dit-dovne-avisdyr-at-jeg-er-træt-og-også-gerne-vil-slappe-af-blik', mens jeg fortsatte ufortrødent med mine gøremål?
Ja.

Gevinsten, for der var heldigvis en lille gevinst, var, at det blev gjort på min måde, som jo er den helt rigtige måde, forstår sig.
Ulempen, for der var også en ulempe, og den var faktisk ikke ubetydelig, var, at jeg blev helt udkørt. Til hvilken nytte?

– Var det meget vigtigt for min mand, at der ikke vendte et strå forkert i vores hus?
Nej, overhovedet ikke.
– Ville han hellere have, at jeg var glad og afslappet?
Ja.
– Har han sagt det?
Ja!

Har han endda sagt følgende:
- Hvem er efter dig, siden du pisker sådan rundt?
- Jeg ville ønske, at du blev bedre til at slappe af.

- Det må altså godt se ud, som om der rent faktisk bor nogen her.
- Jeg ved godt, at vi havde aftalt at være hjemme den første uge i sommerferien, men nu har jeg arrangeret, at vi tager væk i fem dage, ellers slapper du jo ikke af.

Ja, det har han faktisk sagt.

Nu er det jo heldigt for mig, at jeg har sådan en omsorgsfuld mand. Og det er jeg dybt taknemmelig for. Men ansvaret for at jeg har det godt – både mentalt og fysisk – er mit eget. Og kun mit.

? SELVREFLEKSION

Hvad bebrejder du din mand ikke at tage ansvar for, som du med stor fordel selv kunne tage ansvar for?

_____

_____

KÆRLIGHED

Kærlighed er det, der binder to voksne og deres forhold sammen. Nogle dage er det meget let at mærke kærligheden i sig selv og til og fra sin partner. Andre dage er vi nødsaget til at lede lidt længere for at mærke den.

Kærlighed er som en viden, den vokser, når den bliver delt. Der er ikke en øvre begrænsning for kærligheden, den er uendelig og altid til vores rådighed. Hvis vi vælger den til. Det er et valg. Vi kan starte med at vælge kærligheden til os selv til. Når vi gør det, er vi kommet rigtig langt.

Mange voksne mennesker, både mænd og kvinder, folk i forhold og singler, behandler sig selv utrolig grimt. Med decideret selvhad vil jeg faktisk sige. Sådan som vi tænker om, taler til og behandler os selv, ville vi formentlig aldrig nogensinde behandle vores venner eller familie, som tidligere nævnt.

Hvis jeg gerne vil have mere kærlighed ind i mit forhold, er jeg nødt til selv at starte med at give den. Både til mig selv og til min mand. Hvis vi ikke kan elske os selv, er det også svært at elske andre. Og det er svært for andre at elske os, når vi ikke engang selv gør det.

I starten af et nyt forhold er vi ofte helt forblændede af vores udkårne og synes bare, det er en fest, at han er så anderledes end os selv, og vi føler ofte, at han tilfører lige den dimension, der mangler. Når tiden går, og hverdagen har holdt sit indtog, bliver den selv samme kvalitet ofte det, vi synes er vældig irriterende.

Ofte fokuserer vi på forskellighederne, og det splitter vores fællesskabsfølelse, fordi vi automatisk kommer til at tænke: Du er anderledes end mig, og det er forkert. Jeg vil have, at du er på min måde, så du passer ind i mit billede, så kan jeg mærke, at du elsker mig.

Du kan ikke dømme og elske på samme tid. Enten dømmer du, eller også elsker du. Det er helt op til dig at vælge, hvad du gør. Når du dømmer andre mennesker, øger du din egen ensomhed. Når du elsker andre mennesker, øger du din oplevelse af at være en del af fællesskabet.

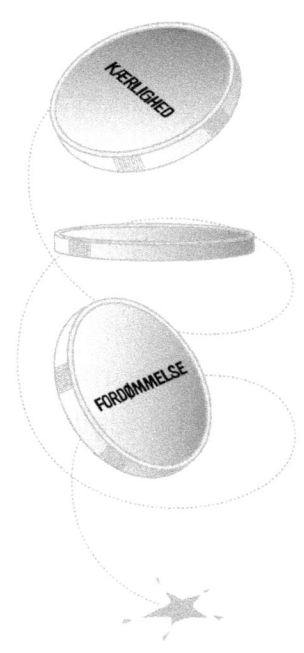

♥ FIF
Fokuser altid på fælles ligheder, for det skaber en følelse af fællesskab i jeres forhold.

Jeg har to simple værktøjer, jeg bruger, når jeg føler, at mit forhold spidser til, eller når jeg kan mærke, jeg har lyst til at løbe skrigende bort fra det hele – kun medbringende min bærbare og min pung under armen. Og dem tænker jeg, at du også kunne have glæde af.

1: Den korteste afstand mellem mennesker er et smil. Så jeg smiler. Alt hvad jeg kan.
Og jo, selvfølgelig føles det meget kunstigt i starten. Men der er den positive bivirkning, at det er svært at opretholde en sur mine, når ansigtet er et stort smil. Derfor frem med bisserne.

2: Jeg gør det modsatte af det, jeg har lyst til.
Hvis jeg, som jeg skrev før, får lyst til at løbe skrigende væk i mine allerhurtigste løbesko, så gør jeg det modsatte; jeg finder noget pænt at sige til min mand. Og siger det. Højt, så han kan høre det.

Jeg er ikke voldelig på nogen måde og tager i det hele taget stærk afstand fra vold. Ikke desto mindre hænder det, at jeg leger med tanken om at stikke ham en på skrinet, når jeg synes, han er virkelig irriterende. Igen, så gør jeg det modsatte; jeg går hen og holder om ham og giver ham et ordentligt kys på munden. Vi bliver nogenlunde lige forbavsede. Og glade. 'Mission accomplished'.
For god ordens skyld vil jeg lige understrege, at det, du vælger at gøre, naturligvis ikke må være til skade for dig selv eller andre.

KOMPROMISER OG KONFLIKTER

Et parforhold er ofte ét stort kompromis. Det er der ikke noget galt med, så længe begge parter er bevidste om, hvad de går på kompromis med, og hvorfor de gør det.

Ligesom kompromiser er konflikter også en del af ethvert parforhold. På samme måde som popcorn er en del af en biograftur. Eller chokolade er en del af kaffeoplevelsen.

Når du siger parforhold, siger du også (før eller siden) konflikt. Det er ikke nødvendigvis dårligt. For når vi oplever kontraster for eksempel kontrasten mellem harmoni og konflikt, bliver det ofte meget tydeligere for os, hvad vi egentlig kan lide.

For eksempel når vi skændes, bliver det tydeligere for os, at vi bedre kan lide det, når vi ikke skændes. Når vi er helt udkørte og konflikterne eskalerer på grund af manglende overskud, bliver det tydeligere for os, at vi bedre kan lide at være friske og veludhvilede, for så er vores overskud større.

En af grundene til, at mange er konfliktsky, er, at vi er bange for at miste det, vi har, eller ikke få det, vi ønsker. Set i det lys giver det jo god mening at prøve at undgå en konflikt, for det lyder ikke rart at miste.

Hvis vi helt nøgternt kigger på, hvad en konflikt er, så er det blot et udtryk for, at to parter vil noget forskelligt. Det er helt naturligt, for ingen er ens eller vil nødvendigvis det samme. Slet ikke mænd og kvinder. Der er ofte stor forskel på mænds og kvinders behov og ønsker, hvordan de kommer til udtryk, og hvordan de opfyldes.

I sammensatte familier er det ikke usædvanligt at skændes om ekstrabarnet. Det kender jeg mange par, der gør. Jeg selv er ingen undtagelse. Blot vil jeg gerne sætte spørgsmålstegn ved, om det reelt er ekstrabarnet, det drejer sig om hver gang, eller om vi bruger det som skyts for ikke at forholde os til de sider af os selv, vi betragter som negative.

Da mine ekstrabørn var små og fik læst godnathistorie, kunne jeg godt sidde alene i sofaen og tænke:

Hvorfor tager det egentlig så lang tid at læse en godnathistorie?
Er det ikke lige i overkanten af, hvor lang tid man bør bruge på det?

Er det overhovedet naturligt at bruge så meget tid på det?
Læser han mon hele bogen?

Lagde du mærke til alle mine fordomme?
    Hvem er 'man' egentlig? Hvis det var min mand, jeg refererede til, var det vel mere passende at jeg tænkte:

Er det ikke lige i overkanten af, hvor lang tid HAN bør bruge.

Og hvorfor 'bør'? Hvilken ret har jeg egentlig til at gøre mig til dommer over, hvor lang tid det må tage at læse en godnathistorie?
    Når jeg tænker 'bør', så er det jo, fordi jeg synes, han burde bruge mindre tid på det. Men fordi det i min verden er småligt at tænke sådan, kan jeg bedre holde mine egne tanker ud, når jeg 'eksternaliserer' dem, det vil sige henviser til ting uden for mig selv og derved bebrejder min mand for at bruge for lang tid på godnathistorien
    Når min mand så kom ind i stuen efter, hvad der kunne føles som timer, emmede jeg af en hold-dig-fra-mig-for-nu-har-jeg-siddet-og-ventet-på-dig-alt-for-længe-attitude.

Han spurgte typisk:
Er der noget galt?

Hvortil jeg med helt sirlig hønserøvsmund svarede noget i stil med:
Næææ. Der er ikke noget galt.
(Underforstået: Du burde vide bedre. Selvfølgelig er der noget galt).

Her er konflikten ganske enkelt, at min mand gerne vil gøre det så godt som muligt for sine børn, og at jeg gerne vil have mest muligt tid med min mand, når mine ekstrabørn sover.
    Er det et udtryk for, at den ene har ret og den anden tager fejl? Overhovedet ikke, det er blot to forskellige ønsker, der konflikter.

Min frygt var, at jeg ikke ville få den tid med min mand, som jeg ønskede. Og han frygtede måske, at han ikke var en god nok far, hvis han ikke brugte (lang) tid på at læse godnathistorie.

Her er de uopfyldte behov på spil. Igen. Da jeg blev bevidst om de bagvedliggende årsager, kunne jeg meget bedre handle til min egen (og dermed også min mands) fordel.

Jeg tog ansvar for mit uopfyldte behov i form af manglende opmærksomhed fra min mands side og vendte det til min fordel. Faktisk blev de stunder, han læste godnathistorie, et slags frirum for mig, hvor jeg kunne tage et fodbad, kaste mig i sofaen med et blad, surfe rundt på nettet, eller hvad jeg nu lige havde lyst til. Fra at have været et konfliktområde blev det et frirum.

Af samme årsag blev det ikke nødvendigt at gå på kompromis med godnathistorierne, og konflikten opstod ikke længere, fordi jeg selv tog ansvar for mit behov for (selv)kærlig opmærksomhed.

Hvert eneste valg, vi træffer, bringer os enten tættere på eller længere væk fra kærligheden. Derfor er det vigtigt at være opmærksomme på de valg, vi træffer. Når vi ikke træffer et valg og bare lader stå til, er det også et valg. Både valg og fravalg har en konsekvens.

> Dine tanker fører til dine handlinger.
>
> ⬇
>
> Dine handlinger til dine resultater.
>
> ⬇
>
> Dine resultater til det liv, du lever. Her og nu.

 **FIF**

Kan du ikke lide dine resultater og det liv, du lever, må du starte med at ændre dine tanker.

KONTROL

Især kvinder – det er i hvert fald mit indtryk – er vilde med kontrol. Nogle bliver ligefrem kaldt eller kalder sig selv 'kontrolfreaks', og det er ikke en kompliment, hvis du spørger mig. Det synes jeg godt, jeg kan tillade mig at sige, da jeg tidligere i høj grad passede til den betegnelse.

Forsøg på at kontrollere ting giver meget ofte bagslag. Det er sikkert også derfor, at det er en stor udfordring for mange at blive forældre og ekstraforældre, for er der noget, vi ikke rigtig kan kontrollere, så er det faktisk børn. Selv om vi gerne vil, og selv om vi ofte prøver.

Jeg kan for eksempel godt lide at stå for husholdningsindkøb, bildte jeg mig selv og min mand ind i lang tid, flere år faktisk. Er det, fordi jeg virkelig godt kan lide at gå rundt med indkøbsvognen i supermarkeder? Nej, det er det overhovedet ikke. Det er, fordi jeg gerne vil kontrollere, hvad vi køber. Jeg har altid – helt sirligt – en liste med, hvor varerne står i den rækkefølge, de ligger i inde i butikken. Og så går jeg helt kontrolleret rundt med vogn og tager varer ned fra hylderne og lægger dem PÆNT i vognen efter vægt, så bananerne ikke bliver mast af 1 kilo havregryn. Jeg køber det, der står på min liste, intet andet.

Når min mand handler, og jeg er med, bliver jeg helt svedt. Han napper bare varen og kaster den ned i vognen, mens han valser videre. Der kommer masser af ting i vognen, som ikke er på listen, men som ser lækre ud. Det kommer sig ikke så nøje, synes han, hvad der ligger øverst eller nederst, eller hvor pænt det ligger. Det skal jo alligevel op på båndet om lidt…

Mit kontrol-gen er helt på overarbejde. For jeg må halse efter og tjekke, at bananerne ikke er maste, at han ikke har taget den yderste pakke med den korteste holdbarhed, når vi nu først vil have kylling om tre dage. Og så videre og så videre.

Kan du se det for dig? Det er stressende at være mig i den situation. Men hvem har valgt det? Ikke min mand. Han har ikke bedt om en indkøbsassistent, som i virkeligheden nærmere er en indkøbspestilens.

Den slags scenarier udspiller sig heldigvis ikke længere. Det er jo helt fjollet, at jeg følte, jeg var nødt til at tage med ud og handle for at tjekke sidste holdbarhedsdato og rækkefølgen af varerne i vognen. Det gør jeg ikke længere. Jeg fik opfyldt mit ønske om, at varerne var friske, ikke maste og ikke overskredet på holdbarheden ved på en kærlig måde at sige til min mand:

Hvis du lægger de skrøbelige ting øverst og husker at tjekke holdbarholdsdatoen, bliver jeg rigtig taknemmelig. Tak, fordi du køber ind.

I lang tid følte jeg også, at jeg var nødt til at have kontrol over vasketøjet, da det ellers blev kastet op på snoren i en for mig at se helt uvilkårlig orden. Så var det ene ærme krøllet helt sammen, og det tog derfor dobbelt så lang tid, før trøjen var tør. I stedet for at hænge det op med klemmer, i sømmene, hang det fuldstændig tilfældigt, og det, der før havde været en pæn bluse, lignede nu nærmest indgangen til et telt.

Jeg har også haft en kontrollørtjans, hvad angik mine egne børns tøj. Det resulterede i, at det altid var mig, der blev konsulteret, når vi fandt tøj frem til næste morgen. Når jeg en gang imellem sagde, *spørg far*, svarede børnene ofte, *det har vi gjort, han siger, vi skal spørge dig.*

Mon ikke det hænger sammen med alle de gange, jeg har belært min mand om, at:

Hun ikke kan have stribede strømpebukser på til en blomstret kjole.

Eller:

Hey, det er altså i februar måned, det er fastelavn (underforstået: det dér er alt for spraglet til en almindelig dag).

Eller:

Alle ved da, at man ikke har gult og blåt på samtidig, medmindre man er svensker (eller Brøndby-fan).

Med den 'opmuntring' ville jeg også miste lysten til at hjælpe med tøjet, hvis jeg var min mand.

Jeg har endnu ikke hørt om børn, der er blevet dårlige af at gå i tøj, der ikke passede farvemæssigt sammen. Men jeg har faktisk hørt om børn, der har det dårligt på grund af deres ekstramors/mors (store) ønske om kontrol.

Vi storforbrugere af kontrol bliver særligt udfordret, når vi forelsker os til et ekstrabarn. Vi kan ikke på samme måde udøve kontrol over ekstrabarnet som eksempelvis over vores eget barn. Ekstrabarnets far kan også have nogle andre regler for sit barn end dem, vi synes er passende, og som vi måske har for vores børn eller fælles børn, og det kan være svært ikke at lade sig påvirke af det.

Ekstrabarnet er per definition uden for din kontrol, og det kan jo i sig selv være svært at håndtere, når vi er glade for kontrol. Den måde, du kan gøre det lettere for dig selv på lige med det samme, er at give slip. Give slip på behovet for kontrol og så glide med strømmen. Igen: Vær nysgerrig i stedet for dømmende. Hvor vigtigt er det, i det store billede, at det er dine regler, der er de gældende?

Der er også det store problem med kontrol, at det gør det usædvanligt svært at være til stede i og nyde nuet. Når du hele tiden er optaget af at kontrollere, er du på samme bølgelængde som mangel på tillid. For det er jo egentlig det, kontrol dækker over. Manglende tillid. Manglende tillid til, at andre kan klare opgaven lige så godt. Eller måske endda bedre.

Til et foredrag for nylig blev jeg gjort opmærksom på en interessant ting ved kontrol. Hvis du staver det bagfra, står der faktisk 'lort nok'! Og det kan der være noget om.

 **FIF**

Slip den unødige kontrol og se, hvad der sker.

? SELVREFLEKSION

I hvilken konkret situation kunne jeg give slip på mit behov for kontrol?

_____

_____

Hvad ville være det værste, der kunne ske ved det?

_____

_____

Hvad kan jeg sige til mig selv næste gang for at minde mig selv om at slippe kontrollen?

_____

_____

Hvad kan jeg gøre for at minde mig selv om at slippe kontrollen?

_____

_____

KRITIK

Jeg kender ingen, der er vilde med at få kritik. Jeg er heller ikke selv vild med det og slet ikke, når det kommer fra nogle af mine nærmeste. Når det er sagt, så kan vi vælge at se kritik som en mulighed for at vokse på det personlige plan. Hvordan kritik påvirker os, og hvordan vi vil bruge den, vælger vi selv. Jeg opererer med kritik på forskellige planer.

1. Kritikken har muligvis slet ikke noget med mig at gøre, men derimod med afsenderen.
2. Hvis to personer kritiserer nogenlunde det samme ved mig, er der MÅSKE noget om det.
3. Hvis tre personer kritiserer nogenlunde det samme ved mig, er det tid til at kigge på det.

Det betyder ikke, at jeg ikke tager det alvorligt, hvis jeg bliver kritiseret af en enkelt person, men jeg tager det ikke personligt i første omgang.

Jeg har udskiftet kritik med feedback. Når nogen kritiserer mig for noget, ser jeg det som feedback på, at de ønsker tingene på en anden måde. Og det er ganske enkelt lettere og mere konstruktivt for mig at håndtere det på den måde.

Det er jo bare et ord, tænker du. Ja, måske. Men det betyder en stor ændring i den måde, jeg griber det an på, og for mig er det altid vigtigst at gøre det, der virker.

En almindelig reaktion på kritik er ofte enten benægtelse eller forsvar.

På et tidspunkt syntes min mand, at jeg altid var negativ, når snakken mellem os faldt på især mit ene ekstrabarn. Det sagde han til mig, og lige efter den klassiske kritikbog benægtede jeg straks. Og toppede den for øvrigt med et lille angreb a la:

Det er jo helt umuligt for mig bare at sige hendes navn, uden at du straks går i forsvarsposition. Jeg er for øvrigt heller ikke den eneste, der synes, bla bla bla.

Så er der altså lang vej hjem til den gode stemning…

Andre gange er jeg startet direkte ud i forsvarsposition a la:

Jeg vender vrangen ud på mig selv for at gøre dig og dine børn tilpas, og takken, den er bla bla bla. og for øvrigt er det, du siger, overhovedet ikke rigtigt. Spørg bare alle dem, vi kender, de synes også, jeg klarer det flot.

Så ved jeg godt selv, at det bliver en lang aften. Og at det ikke bliver rart at lægge hovedet på puden, før luften er renset. Jeg har nemlig et princip om ikke at lade solen gå ned over min vrede. Uanset hvor uretfærdigt behandlet jeg nogle gange har følt mig, vil jeg ikke lægge mig til at sove, før tingene er snakket igennem. På en voksen, værdig og venlig måde.

DER ER ET ALTERNATIV

Der er faktisk en anden måde at håndtere kritik på, som ofte virker godt for begge parter. Og det er noget så simpelt som en dialog i stedet for den monolog, jeg tidligere på ingen tid kunne rable af mig. Problemet med monologen er, at den hiver en tsunami af skyld, skam, selvbebrejdelse og dårlig samvittighed med sig.

Det gør dialogen ikke. Vi kommer meget længere med at være nysgerrige i stedet for dømmende. Hvis jeg i den førnævnte situation havde været nysgerrig i stedet for dømmende, kunne jeg have sagt noget i stil med:

Hvad er der ved det, jeg siger, der gør, at du synes, jeg er meget negativ over for dit barn?
Vil du give mig et helt konkret eksempel?
Oplever du det sådan hver gang?
Hvordan mener du, jeg kunne have sagt det, for at det ikke blev opfattet som negativt?

Så ville jeg være en slags detektiv, der undersøger, hvad der foranlediger mit negative indtryk hos modparten, i stedet for at være en terrorist, der bare skyder alle spørgsmål eller kommentarer ned med en ammunition, der er stærk nok til at efterlade modtageren mentalt lemlæstet og mig selv i utroligt dårligt humør.

? SELVREFLEKSION

Hvilke spørgsmål vil jeg vælge at hive frem i stedet for at ty til mit autopilot-angreb, næste gang jeg modtager kritik/feedback?

_____

_____

TILGIVELSE

I et forhold tænker jeg, at det er uundgåeligt, at vi en gang imellem føler os sårede og endda uretfærdigt behandlet. Det har jeg selv følt mange gange.

Derfor er det nødvendigt at kunne tilgive. Og jo, jeg ved godt, at det ofte er det sidste, vi har lyst til at gøre. Vi har mere lyst til at sætte ind med et modangreb, et af dem, der rammer lige i solar plexus og efterlader den anden helt sønderrevet, præcis som vi selv føler os. Men det hjælper bare ikke. Jeg har prøvet. Faktisk gjorde det det hele endnu værre. Ud over at føle mig utrolig uretfærdigt behandlet kunne jeg lægge en kæmpe selvbebrejdelse oveni. Ikke en ønskværdig cocktail, må jeg sige. Det tog mindst et par dage, hvis ikke ligefrem en uge, før jeg havde rystet (mine egne) ubehagelighederne af mig igen.

Så derfor vil jeg anbefale dig at tilgive. Ikke til ære for andre, men for at ære dig selv.

Sagen er nemlig den, at hvis vi ikke tilgiver, tillader vi, at det sagte/gjorte stadig tynger os. Og hvor længe har vi egentlig lyst til at bære rundt på noget, som er sket, og som ikke står til at ændre? Vi kan selvfølgelig ønske os en undskyldning, men det gør jo ikke det gjorte ugjort eller det sagte usagt. Måske er undskyldningen et lille plaster på et blødende sår, men heller ikke mere end det. Den følelsesmæssige frihed kommer først med tilgivelsen.

I den situation, hvor du føler dig såret, uretfærdigt behandlet, trådt på, eller hvad du nu føler, er der kun en person i hele verden, der kan tilgive, og det er dig. Du bestemmer helt suverænt, hvor længe du vil lade dig pine af en situation i din fortid. At hænge fast i fortiden svarer til at sætte dig på bagsædet i dit livs bil. Det er andre, der har styringen, det er andre, der bestemmer retningen, du følger bare med. Du kan sikkert ikke engang se klart frem for dig. I det hele taget sidder du dårligt og har måske endda en følelse af ikke rigtig at leve dit liv. Måske er du snarere en tilskuer i dit eget liv.

For utroligt mange mennesker er det svært at tilgive, fordi det betyder, at de samtidig må give slip på den offerposition, som de (ubevidst) har bragt sig selv i.

Tilgivelse er i al sin enkelhed at opgive håbet om, at noget i fortiden var anderledes.

Det vil med andre ord sige at acceptere det, der er sket. Mange mennesker tror fejlagtigt, at det er det samme som at være enig. Det er det på ingen måde.

Eksempelvis går jeg meget op i, at vi som familie og særligt mine børn og i en vis udstrækning mine ekstrabørn, i det omfang jeg synes, jeg kan bestemme over dem, lever sundt. Det vil sige: ingen kiks, kage, is eller andre lækkerier til børnene i løbet af ugen.

Så kom årets første varme dag, og det syntes min mand, han ville fejre med børnene og en (stor) is i haven. Det var tilfældigvis en tirsdag, som normalt er en af vores sunde dage. Stor var min overraskelse derfor, da jeg kommer hjem i højt humør og så, at alle med stort velbehag sad og nød en is.

Som jeg ser det, har jeg to valg:

1. At blive sur og kaste mig ud i lang monolog om, at det er tirsdag, og vi spiser ikke sukker om tirsdagen og så videre og dermed underminere min mands beslutning for øjnene af ham og børnene.

Eller:

2. Jeg kan acceptere, at de sidder og spiser en is. Og på et tidspunkt, når min mand og jeg er under fire øjne, nysgerrigt spørge, hvad det var, der gjorde, at han brød 'ingen-sukker-i-løbet-af-ugen-aftalen'.

At jeg accepterer, at de har fået isen, betyder jo ikke, at jeg er enig. Det betyder bare, at jeg ikke hænger fast i noget, der er sket og alligevel ikke kan ændres.

Nu er det måske et banalt eksempel, men du kan overføre det på et hvilket som helst scenarie. Jeg er klar over, at det vil føles som en udfordring. Men det er et valg, du har til din rådighed.

Jeg vil gerne understrege, og det er virkelig vigtigt, at accept af en ting *ikke* er det samme som at erklære sig enig. Hvis jeg nu eksempelvis havde haft en dårlig barndom, kunne jeg vælge at acceptere det, men det ville ikke betyde, at jeg var enig i, at det, der skete, var o.k. Det ville snarere betyde, at jeg opgav håbet om, at noget i min fortid ville være anderledes, end det rent faktisk var.

Tilgivelse giver en utrolig stor personlig frihed, fordi du holder op med at binde din lykke og dine tanker op på hændelser, der har fundet sted og ikke kan ændres. Du tager din power hjem og sørger selv for at tage ansvar. Der er en verden til forskel. Hvis du er i tvivl om, hvorvidt det, jeg siger, nu er rigtigt, vil jeg anbefale dig at prøve det af.

? SELVREFLEKSION

Hvem har jeg brug for at tilgive?

_____

_____

Hvad vil jeg helt konkret tilgive?

_____

_____

Nogle gange er vi så rasende, at det at tilgive forekommer som en fjern by. Hvis det er tilfældet, kan det være en hjælp at skrive et brev til den, du gerne vil tilgive, hvor du rigtig giver vedkommende 'tørt' på, fyrer al din ammunition af, alle de grimme ord, du kan komme i tanke om. I stedet for at sende brevet brænder du det forsvarligt af i køkkenvasken, når du er alene. Det er selvfølgelig meget vigtigt, at ingen ser det. På den måde har du fået dit raseri ud og har formentlig lettere ved at tilgive.

LYKKEN ER...

Lykken er et valg. Lyder det ikke bare irriterende? Som en kliché? Det syntes jeg, da jeg hørte det første gang. Det er titlen på en bog, som jeg stødte på for nogle år siden. Jeg blev så provokeret af titlen, at jeg var nødt til at læse bogen (*Lykken er et valg* af Barry Neil Kaufman, 2005).

På det tidspunkt i mit liv syntes jeg ikke, at *lykken var et valg*. Tanker fløj gennem hovedet på mig:

Er det nu virkelig også nødvendigt at være lykkelig?
Hvem får egentlig tildelt lykken?
Hvad mon jeg helt konkret er nødt til at sige eller gøre for at få min andel?
Mon det er på bekostning af noget andet? Det er det sikkert.
Hvad er prisen – for der er vel en pris at betale for lykke?

Mit liv så nogenlunde sådan her ud:

- To små børn under 3½ år
- To ekstrabørn hver anden torsdag-søndag
- En mand med en 'ubegrænset' arbejdstid
- Jeg selv på fuld tid+
- Et hus og en have at holde.

Dengang følte jeg virkelig ikke, at *lykken var et valg*. I hvert fald var det ikke mit valg. Slet ikke et valg, jeg havde truffet. Det var ikke, fordi jeg var u-lykkelig, jeg var nogenlunde tilfreds, syntes, der var for få timer i døgnet, men hvem synes ikke det?

Nogle gange er vi så godt i gang med hverdagens hamsterhjul, at vi ikke engang stopper op og mærker efter, hvordan vi eller vores parforhold har det. Vi stiller ikke nysgerrige spørgsmål til os selv eller vores liv. Vi suser af sted med hovedet under armen.

Når vi har presset os selv længe og hårdt nok, sker der nogle gange noget, som får os til at stoppe op. Det er ofte ikke en selvvalgt hændelse. Selv om vores partner måske endda sætter spørgsmålstegn eller presser på, for at vi skal passe bedre på os selv, lytter vi ikke.

Jeg lyttede ikke en helt almindelig arbejdsdag i efteråret 2007. Jeg havde det fysisk dårligt allerede om morgenen, men syntes slet ikke, at det kunne komme på tale at blive hjemme. Der var travlt, vanvittigt travlt – jeg havde i forvejen svært ved at nå at følge med og kunne ikke overskue, hvordan den kommende arbejdsuge ville se ud, hvis ikke jeg mødte op den pågældende dag. Normalt tog jeg altid trapperne op til 2. sal. Men den dag forekom det mig at være en uoverskuelig mission, på niveau med at skulle løbe et maraton i stiletter i regnvejr. Jeg trykkede derfor på elevatorknappen. Turen op varede en evighed, syntes jeg. Jeg nåede lige ind i receptionen, før den søde receptionist spurgte: *'Har du det godt Janne? Du ser lidt bleg ud'*. Hvortil jeg svarede: *'Jeg tror, jeg besvimer'*. Og det gjorde jeg så.

Det blev virkelig et af mit livs helt store wake-up calls. Jeg var udmattet, udkørt, udpint, udmagret, og det tog nogle uger, før jeg kom på benene igen. Og da var det i en anden udgave af mig selv. En bedre og mere selvkærlig udgave af mig selv. Det var også tiltrængt. Selv om min mand længe havde sagt, at jeg skulle passe lidt bedre på mig selv, lyttede jeg ikke efter. Jeg vil egentlig sige, at han gjorde, hvad han kunne. Det var mig, der ikke tog mit ansvar alvorligt.

Jeg var også ked af det. Ked af at have kørt mig selv helt derud, hvor lægen med løftet pegefinger sagde: *Unge dame, hvis du fortsætter sådan, så skal du ikke regne med at se dine børn vokse op.*

Lige dér, i det sekund, forstod jeg helt oprigtigt, at det hele starter hos mig selv. Lykken ER, ligesom alt andet i livet, et valg. Det er noget, jeg kan vælge til. Eller fra. Andre kan ikke gøre mig lykkelig, hvis jeg ikke selv tillader det.

Nu tænker du måske, at det var synd for mig. Det var det ikke. For selv om det lyder som en helt fjollet eller omvendt tanke, så fik jeg noget positivt ud af at køre mig selv ud over kanten.

Alle vores vaner, som for eksempel min vane med at arbejde for meget, har vi, fordi de giver os et eller andet positivt. Tryghed er en af grundene, men det står ikke alene.

Det kan sagtens være, at det resultat, vi skaber, ikke er hensigtsmæssigt for os, men det giver os tryghed at have vores vane. Det, jeg positivt fik ud af at arbejde så meget, det vil sige min 'gave', var eksempelvis:

- Spændende arbejdsopgaver, for jeg sagde aldrig nej til en opgave mere.
- Anerkendelse.
- Beundring fra mine omgivelser – hvordan kan hun være mor, ekstramor og arbejde fuld tid med en mand, der kun er hjemme 1-2 timer af børnenes vågne tid i løbet af dagen?
- En følelse af at tilføre min arbejdsplads værdi.
- En følelse af at gøre en forskel.

Men alting har jo en pris, og det havde min arbejdsvane også. Den pris, jeg betalte, var:

- Jeg var ikke nærværende med mine børn.
- Jeg havde ikke rigtig overskud til at være den hustru for min mand, som jeg gerne ville.
- Min lunte var kortere end normalt, fordi jeg havde dårlig samvittighed, når jeg var hjemme, og dårlig samvittighed, når jeg var på job.
- Jeg sov meget dårligt om natten.
- Jeg tabte mig en del (og det var ikke heldigt, for jeg er ikke så stor i forvejen).
- Jeg følte mig utroligt presset.
- En følelse af slet ikke at slå til nogen steder.

Som du kan se, var det ikke småting, det kostede mig. Men grunden til, at jeg holdt ved så længe, var alle de positive ting, som jeg før nævnte, at jeg også fik ud af det. Da jeg blev klar over, hvor store omkostninger der var forbundet med det at få eksempelvis anerkendelsen, valgte jeg mit uhensigtsmæssige arbejdsmønster fra og opsøgte anerkendelsen på anden vis.

Med forståelsen af, at jeg havde fået noget positivt ud af det, gav det jo mening, at jeg måtte køre mig selv derud. Jeg tror nemlig på, at der ofte er en mening med det, der sker. Det er ikke altid, det er synligt i øjeblikket. Men det bliver det ofte efter nogen tid.

Set i bagklogskabens klare lys kan jeg se, at jeg ikke var blevet så nærværende med min familie, hvis ikke det havde været for min nedtur. For mig var min nedtur ikke en fejl, men blot feedback på, at det var tid til at gøre noget andet. Jeg mener derfor, at den største tjeneste, vi kan gøre os selv og vores omgivelser, er at tage ved lære af det, der sker. En fejl er kun en fejl, hvis vi ikke lærer noget af den.

Mennesker ændrer sig ofte af to årsager: enten ud fra inspiration eller ud fra desperation. Personligt var jeg åbenbart nødt til at blive desperat nok for at kunne ændre på min uhensigtsmæssige arbejdsadfærd, som jo trak store veksler på mit privatliv. At lægen sagde, at jeg måske ikke ville se mine børn vokse op, hvis ikke jeg sadlede om, gjorde mig desperat. Og dermed inspirerede det mig til at handle anderledes fremadrettet.

? SELVREFLEKSION

Hvilken uhensigtsmæssig vane har du?

_____

_____

Hvilken pris betaler du for at have den?

_____

_____

Hvad er gaven ved at have den?

_____

_____

Hvordan kan du få adgang til gaven uden at betale prisen?

_____

_____

>>

Hvad er du nødt til at begynde på, som du ikke gør i dag?

_____

_____

Hvornår vil du gå i gang?

_____

_____

Hvad er du nødt til at stoppe med?

_____

_____

Hvad må du turde, som du ikke tør i dag?

_____

_____

Jeg måtte eksempelvis turde at rejse mig op og gå hjem, når arbejdsdagen var slut, selv om der lå mange uløste og vigtige opgaver, og sige til mig selv:

Jeg ved, at jeg har gjort alt, hvad jeg kan. Jeg har gjort mit bedste for at nå det hele, og mere kan ingen, heller ikke jeg selv, forlange.

Med disse indsigter og de dertilhørende valg begyndte der at ske noget på mit lykkebarometer. Det hjælper jo ikke noget med nye indsigter, hvis de ikke følges op af handling. Det er handlingen, der er med til at skabe forvandlingen. Ingen, og jeg mener virkelig ingen, kan tage ansvar for andres lykke eller mangel på samme. Men vi kan alle sammen hver især tage ansvar for vores egen lykke. Og det er det, jeg gerne vil inspirere dig til – på trods af din historie, din opvækst, antallet af ekstrabørn, urimelige chefer, nøjeregnende kollegaer, irriterende (h)eks'er. På trods af alt det vil jeg invitere dig til at vælge lykken. Fordi du kan. Og fordi du fortjener det. Der kommer ingen og serverer den på et sølvfad for dig. Og selv hvis der var en, der kunne servere det på et sølvfad, ville han eller hun jo ikke vide, hvad din definition af lykke er.

Hubert H. Humphrey har sagt det så smukt, så jeg vil citere ham her:

> 'IT IS NOT WHAT THEY TAKE AWAY FROM YOU THAT COUNTS.
> IT'S WHAT YOU DO WITH WHAT YOU HAVE LEFT'.

Med andre ord: Lykken ER et valg. Det er dit valg. Eller fravalg.

Hold fokus på de ting og følelser, du ønsker dig i dit parforhold og i livet generelt. De ting og følelser, der får dig til at føle dig godt tilpas. Det, du giver energi, vokser. Det hele starter i dine tanker. Intet forandrer sig, før du gør.

 **FIF**

Vær selv den omsorgsfulde partner, du ønsker, at din partner vil være. Hvorfor ikke sætte det gode eksempel og være den forandring, du gerne vil se?

Hvis du ønsker dig nogle flere kys, så giv flere kys.

Hvis du ønsker dig færre skænderier, så stop dem. Måske stopper din partner ikke, men han kan jo ikke diskutere, hvis du ikke vil være med. Du kan altid vælge kærligt at sige til dig selv: *Nu stopper jeg* i stedet for at hvæse: *Nu stopper du* i hovedet på din partner.

? SELVREFLEKSION

Hvad venter du egentlig på?

Til den modige: Opfører du dig som en, du ville have lyst til at være kæreste med?

Ja?
Tillykke!

Nej?
Hvad forhindrer dig i at starte med selv at være en dejlig kæreste lige her, lige nu, i dag?

_____

_____

Der er ingen fast vej til lykken. Lykken er vejen. Og den ligger lige for dine fødder, hvis du begynder at gå ad den vej. Ikke desto mindre venter mange mennesker på, at lykken pludselig nærmest ved et tilfælde vil tilsmile dem. Dit forhold og livet i al almindelighed er det, der foregår lige for øjnene af dig, mens du selv har utrolig travlt med andre ting. Hvis ikke du stopper op nu og begynder, virkelig begynder, at skabe det forhold og det liv med dit ekstrabarn, du inderst inde ønsker, hvornår gør du det så? Det kræver kun en beslutning. Fra din side. Nu. Og opfølgning i form af handling. Men først og fremmest en beslutning.

Hvordan ved du, at du har truffet din beslutning om at leve det liv og have det forhold, du ønsker? Det gør du, når du har det forhold, du ønsker dig, og lever det liv, du ønsker dig.

TAK FORDI DU LÆSTE MED

Måske har du bemærket, at essensen af denne bog er personlig udvikling. Det mener jeg også, essensen af at være ekstramor er. For mig er det at være ekstramor en mulighed for at lære mig selv bedre at kende og udvikle mig via mine ekstrabørn. Jeg er helt sikker på, at jeg ikke var blevet den, jeg er i dag, hvis det ikke havde været for mine ekstrabørns tilstedeværelse i mit liv. Måske er det at være ekstramor noget andet for dig. Og hurra for forskelligheden.

Mit ønske med denne bog er at vise andre ekstramødre, at vi har et valg, når det kommer til, hvordan vi lader det at leve i en sammensat familie påvirke os. Jeg er spændt på, om du ser anderledes på din rolle som ekstramor efter at have læst bogen, og vil meget gerne høre om din oplevelse, hvis du har lyst til at sende mig en mail. Du finder adressen på side 165.

I starten af bogen inviterede jeg dig til at skrive ned, helt konkret, hvad du gerne ville have ud af at læse denne bog. Derfor vil jeg spørge dig nu: Hvad har du fået ud af at læse denne bog?

Nævn tre helt konkrete indsigter:

1. _____

2. _____

3. _____

PS: Fortvivl ikke, hvis du ikke har lavet øvelserne undervejs. Får du lyst til en dag at lave øvelserne og svare på refleksionsspørgsmålene, kan du jo altid vende tilbage til dem.

Jeg vil gerne runde bogen af med en opfordring. Lev dit liv, som du ønsker, skab de ting, du ønsker at se i dit liv. Og gem for din egen skyld ikke din kærlighed til dig selv, din partner eller dit ekstrabarn til i morgen. Det er, når dit ekstrabarn eller partner mindst fortjener din kærlighed, at det er særlig kærligt at strø om dig med den. Jo mere kærlighed du skaber og deler ud af, jo mere kærlighed får du selv adgang til.

Sørg for, at hver dag tæller. Ingen ved, hvor længe vi er her. Jeg er faldet over dette citat om at leve livet fra en ukendt kilde, som jeg synes er helt fantastisk:

'LIVET ER IKKE EN REJSE MOD GRAVEN, HVOR DET GÆLDER OM AT NÅ SIKKERT FREM I EN PÆN OG VELBEVARET KROP'.

'DU MÅ DERIMOD GERNE KOMME FRÆSENDE SIDELÆNS IND FULDSTÆNDIG BRUGT OP, TOTALT SLIDT NED, MENS DU RÅBER HØJT: WAUV, SIKKE EN TUR'!

LITTERATURLISTE TIL INSPIRATION

Jeg har stor glæde af at læse bøger, som jeg kan gå direkte ud og omsætte til handling. At læse bogen i sig selv ændrer ikke noget, hvis ikke jeg begynder at ændre på mine tanker og handlinger.

Jeg har her samlet en liste over nogle af mine favoritter, som jeg har haft og stadig har stor glæde af at læse og omsætte til handling.

Det er handlingen, der skaber forvandlingen.

FRYGT:

Jeffers, Susan (2004). *Føl frygten og gør det alligevel – vend frygt og ubeslutsomhed til selvtillid og handling.* Borgen.

Manning, Sofia (2009). *Hvad venter du egentlig på? Sådan vender du din frygt til personlig styrke.* Pretty Ink.

SELVVÆRD:

Edwards, Gill (2009). *Livet er en gave – en praktisk guide til at realisere dine drømme.* Borgen.

Ford, Debbie (2007). *Kast lys over skyggen – genvind styrke, kreativitet, åndfuldhed og drømme.* Borgen.

Hay, Louise L. (2003). *Helbred dit liv.* Wiboltt.

Kaufman, Barry Neil (2005). *Lykken er et valg.* Borgen.

Törnblom, Mia (2006). *Selvværd nu – Din personlige coach viser hvordan.* Schønberg.

BØRN:
Chapman, Gary (2011). *Børnenes 5 kærlighedssprog.* Lohse.
Hørby, Fie (2011). *Drop opdragelsen – vis hvem du er og bliv hørt.* Nyt Nordisk Forlag.

PARFORHOLD:
Chapman, Gary (2011). *Kærlighedens 5 sprog.* Lohse.

OM JANNE LETH FØRGAARD

Fotograf Eric Klitgaard

Janne Leth Førgaard (f. 1973) er life & business coach, forfatter, foredragsholder og stifter af ekstramor.dk.

Ekstramor tilbyder sparring, særligt for kvinder der lever i sammensatte familier, i form af individuelle coachingsessioner, lydfiler og tilhørende arbejdsark samt Ekstramor Lounge som er et gruppeforløb. Tiltagene tager udgangspunkt i de værdier og den tankegang, denne bog er baseret på.

På ekstramor.dk kan du læse mere om konceptet og produkterne, her har du også mulighed for at tilmelde dig det gratis nyhedsbrev, så du modtager inspiration direkte i din indbakke.

Privat er Janne er gift med Søren, sammen bor de nord for København med deres to fælles børn, to piger fra henholdsvis 2004 og 2005. Janne er ekstramor til Sørens to døtre fra to tidligere forhold. De er født i 1992 og 1998.

Jannes forældre og svigerforældre er skilt, derfor er ekstramor på alle måder en del af hendes liv og hverdag.

Ud over at drive ekstramor.dk arbejder Janne med coaching og forandringsprocesser generelt, blandt andet ved at assistere på SMART-coach uddannelsen, hvor hun også fungerer som personlig coach for deltagerne.

Se mere på http://dpf.dk/produkt/bog/foerstehjaelp-ekstramoedre
Skriv til Janne på janneleth@hotmail.com

TAK

En særlig tak til mine to fantastiske ekstrabørn, Sarah og Simone. Uden jer var jeg ikke blevet den person, jeg er i dag, og alene for det vil jeg gerne sige jer dybfølt tak. Desuden bringer I stor glæde og inspiration i mit liv. Tak for jer og jeres måde at være på.

En dybfølt tak til min egen ekstramor, Karin, som ikke alene behandler mig, min mand, mine ekstrabørn og mine børn, som var det hendes egne, men som også i sig selv er det skønneste menneske.

Til mine børn Emma-Sophie og Josephine. Takket være jer gør jeg mig hver dag umage med at være den allerbedste udgave af mig selv. Nogle dage lykkes det, andre ikke. I tilfører mit liv glæde, inspiration, læring og kærlighed.

Helt inde fra det inderste hjertekammer en tak til Søren, min mand, uden hvem disse fire skønne piger ikke ville have set dagens lys. Tak for dit medspil og modspil. Af alle de gaver, jeg har fået af dig, er din kærlighed den største og mest værdifulde. Tak for det og for dig.

Tak til min far, Mogens, der har indgydt mig en tro på, at jeg kan det, jeg vil. Det er blandt andet derfor, denne bog er kommet på gaden. Og tak for alle de kommaer, du kærligt og tålmodigt har strøet ud over mit manuskript.

Tak til min mor, Hanne, for også at være et godt eksempel på, at vi må være den forandring, vi ønsker at se i verden. Og til Erik, hendes mand, for betænksomhed og opmærksomhed.

Sidst, men på ingen måde mindst, en hjertelig tak til min fantastiske redaktør Tine Stoltenberg Lekdorf, der troede på min idé fra første mail. Uden Tine var denne bog ikke kommet ud af min hånd og ned på tastaturet.

Tak til alle de ekstramødre, der så modigt vender deres problematikker med mig. Jeg er ydmyg over at få lov til at være et redskab i jeres hænder.

www.ingramcontent.com/pod-product-compliance
Lightning Source LLC
Chambersburg PA
CBHW081205170426
43197CB00018B/2923